周口历史文化典籍丛书

儒道互补——道门高隐陈抟思想探析

华袁 ◎ 著

河南人民出版社
·郑州·

图书在版编目（CIP）数据

儒道互补：道门高隐陈抟思想探析 / 华衮著 . ——
郑州：河南人民出版社，2023.9
（周口历史文化典籍丛书）
ISBN 978-7-215-13013-5

Ⅰ.①儒… Ⅱ.①华… Ⅲ.①陈抟（约871-989）-
道教-思想评论②古典诗歌-诗歌欣赏-中国-北宋
Ⅳ.①B959.92②I207.22

中国国家版本馆 CIP 数据核字（2023）第 182469 号

河南人民出版社 出版发行
（地址：郑州市郑东新区祥盛街 27 号 邮政编码：450016 电话：65788055）
新华书店经销　　　　　　　　河南灏博印刷有限公司印刷
开本　710 毫米×1000 毫米　　　1/16　　　印张　11
字数　135 千字
2023 年 9 月第 1 版　　　　　　2023 年 9 月第 1 次印刷

定价：39.00 元

诚明不易

——读书和思考很重要

有文化,对于一个人或一个地方来讲,都是件很荣耀的事。

但对任何事物的评判,是要有标准的,除了感情因素、动机因素,还要有客观现象或现实作为依据。

评判一个人是否有文化,需要把握三个核心要素:

思考问题的深刻性、系统性,即能力标准;做人做事的原则性,即道德标准;处世的格局与方式,即表现形式。

评判一个地方是否有文化,是这三条个体标准的群体化,千年相沿,影响带动,形成民风。

也可以量化对比一些现象,比如历史文化资源中某地域科举考试进士数量,比如时代文化气息中某地域人均线下图书购书量和借阅量。这一个历史数字和一个现实数字,以今天的地市级行政区划来比较,如果都没能进入全国的前 100 位,就要在崇文重教方面加压奋进了。

也可以观察考量一些群体社会表现,比如对于名利的态度和追求方式,比如人际交流中能否自然而准确地表达。如果在名利面前都可以弹性处理道义和手段,如果平常说话要么是词不达意要么是轻浮卖弄,就要在民风淳正方面强化引领了。

还可以客观分析这个地方对于历史文化资源传承弘扬的着眼点和着力点,即以什么理念和什么方式来做。

不去研究老子、孔子的思想和生平,而只专注于附会渲染他们出生时天有异象;不去探讨孔庙、太昊陵的历史沿革、礼制内涵、建筑格局,而是津津乐道于怎么跳龙门、怎么摸子孙窑生儿子;不去领悟楚辞、理学的文化意蕴,而去无谓地争夺屈子投江、程门立雪的发生地;不准确把握历史名人资源的界定标准,而一味自作多情地生拉硬拽、认亲攀附;不深入全面地研读文化典籍,而是听说了几个名词术语就敢写文章谈观点,误认为能溜滑板就能开飞机;不科学地研判文化资源价值,明确地域文化定位,而是敢把梦话当学术宣言,动辄自称"宇宙元点";输了赛道之后,不是反省自己体质、技能或装备上的不足,而是到处喧嚷"我祖上会飞"。

这种现象不是个别的,不是一时的,是大面积长期存在。

为什么要这样?就是因为这样做成本低,不需要下苦功夫,不需要钙铁硒、精气神、勤奋和天赋的支撑,只需要在村头听听老奶奶是怎么哄孙子的,在酒桌上借鉴些别人的豪言壮语,再掺些自己常用的聪明,就可以跳出来鸣锣起舞了。

这样做的直接后果,是把科学的变虚幻了,把真实的变模糊了,把厚重的变轻薄了,把人格塑造变成生活调味了。一场弘扬历史文化的恢弘大剧,变成了戏谑小品。

把这些现象都观察分析一番,再来衡量一个地方是否有文化,是否有健康正确的文化观,相信有些自我文化定位很高的地方,也会有一定程度的失落。

一个地域内,文化的阶段性、类别性缺失,是由多种原因造成的,就像一个人的体质不佳,有的是先天不足,有的是大病之后元气没能恢复,有的是长期不良习惯致使免疫力弱,等等。这本身不可怕,辨症施治就行了。要注意的是,不能误把病态作强健,再以不健康的方式试图去勉力维护这虚幻的强健。

失落之余,不是沉沦颓废,不是自欺自诩,而是要冷静下来,分清楚病态与健康,查明白遗传或病理,以对时代负责的态度,对子孙负责的态度,努力去弥补缺失。

前人留下的东西,我们要科学地传承好;前人留得少的东西,在我们手中变多;前人没有留下的东西,我们努力给子孙创造。

要促进文化的发展与繁荣,不能靠空谈,是需要付出的。要下笨功夫,去研究,去实践,持续发力引导,以一代人甚至几代人的付出,不断优化一个地方的文化基因。

最基本的方式,是读书与思考,有质量的读书与思考。

读书的目的,不完全是获取知识,不单单是做些学问。读书的最根本目的,是让人有思想、有灵魂,有至诚之德和洞明之智,是要塑造健全人格。

所以,要多读有用之书,想明白做人做事的道理,外化于言行。一人如此,千万人如此,当下这样,世世代代这样,努力实现我们这个时代新的文化灿烂。

周口,有着悠久的历史,有着丰富的文化资源,是中华道德文明起源传承的核心区。相传伏羲氏在这里演八卦,探索自然规律,追求天人合一,开启人类文明大道之源;老子在这里研道悟道,辨明道德关系,引领尊道贵德,道德理念厚植于这方土地。

同是在这块土地上,先贤留下了无数典籍,是民族文化的瑰宝。我们从中选择 9 个方面的内容,邀请若干学界有影响、学术有专长、地域有关联的学者,共同编纂"周口历史文化典籍丛书",在继承前人思想文化的同时,形成我们这个时代自己的文化成就,为大家提供阅读,引发大家思考,为"道德名城 魅力周口"文化标识增添亮度。

以后,我们还会不断努力。希望有更多人参与支持。

编 者

2022 年 10 月 11 日

自　序

陈抟,字图南,自号扶摇子,赐号"白云先生""希夷先生",是一位在我国中古思想文化史上占有重要地位的道门高隐和学术大师。民间有关他的奇闻与传说众多,这使他成为我国文化史上一个别具一格、富有神秘色彩的特殊符号,因此又被称为"陈抟老祖"。

陈抟一生历经晚唐、五代、宋初,身世传奇,阅历丰富,成就卓著,可资后人传承学习处颇丰,大致可以归述为以下三个方面:

一是功修精深的学术成就。陈抟淹通三教,既是易学宗师、理学开源之师,又是内丹理论与实践的传承、创立和修正者,更是道教学术史上一个兴微继绝、继往开来的关键人物。他的学术思想极具包容性和开创性,开启了有宋以来一代学术新风,对宋元道教乃至整个中国传统哲学都产生了深远的影响。

二是经国利民的赤胆忠心。他身怀经世之才,忧国忧民的情怀贯穿于他的生命轨迹,不管是前期由儒入道,还是后来亦仙亦隐,他虽深居高山,却始终将众生之苦铭记于心,济世救人,普惠万物,极力向统治者建言献策。

三是亦儒亦道的精神求索。他在道家自然精神的基础上,融合了儒家的理想追求,既有儒者的经国治世抱负,又追求道者的人格自由、自在逍遥。出为王者师,退则恬淡高隐,陈抟这种以儒为本、儒道互补,积极进取而又顺应自然、天人合一的人生态度,深刻影响了有宋以来中国知识分子的修养哲学,拓展了士人群体精神追求的向度和宽度,从而使个体生命的精神风貌更加丰富而富有弹性。正如《孟子》"达则兼济天下,穷则独善其身",从道家思想中汲取营养、获得启悟的后世读书者,多能追寻一种进则一展抱负、退则守护心灵的人生境界。

宋太宗曾下诏赞陈抟曰:"抱道山中,洗心物外;养太素浩然之气,应上界少微之星;节配巢、由,道遵黄老;怀经纶之长策,不谒王侯;蕴将相之奇才,未朝天子。"近现代学者蒙文通亦赞曰:"图南不徒为高隐,而实博学多能;不徒为书生,而固有雄武大略。真人中之龙耶!方其高卧三峰,两宋之道德文章,已系于一身。"

习近平总书记曾多次指出,"要深入挖掘中华文明的丰富内涵、弘扬中华优秀传统文化,从中华优秀传统文化中寻找源头活水,以增强历史自觉,坚定文化自信"。我们要传承和弘扬中华优秀传统文化,必须寻找到中华民族的思想根基,理清楚文化根脉走向。而中国传统思想的基础儒释道之道家思想,则是完全起源于中国本土并最具有中国社会思想底色的重要文化遗产。道家文化博大精深,汇聚了先祖圣贤对于生命、宇宙、社会等一切自然、人文现象的思考与探索。相比于儒释两家,传统社会中人们的思想更具有明显的道家底色,大有"仁者见之谓之仁,知者见之谓之知,百姓日用而不知"的气概(许地山《道教史》)。陈抟所处的时代,正是道教获得新的大发展的承上启下时期。作为这一时期最杰出的道教代表人物,陈抟把道家的天道观、道教修炼方术和儒家修养、佛教禅理有机融合,形成了独树一帜的道教思想,为北宋道学的兴起、理学的开端带来深刻的影响。在为实现中华民族伟大复兴而努力奋斗的新时代,研究陈抟这样一位古代思想大家,对于理清自宋以来中国思想史、文化史、宗教史的发展脉络,探寻中国精神价值的源头,守护中华文化的根基,具有重要的现实意义。

然而,这样一位千古风流、彪炳中国文化史的思想大师,给当代人留下来的历史资料却少之又少。经粗略梳理,当代学界及大众认知中的陈抟形象,主要来源于宋元时期三种历史文献的描述与记载:一是国史及源于国史的文献,如北宋司马光《资治通鉴》、元朝脱脱等《宋史·陈抟传》;二是笔记杂记类,如宋朝邵伯温的《邵氏闻见录》、释文莹的《玉壶清话》《湘山野录》、魏泰的《东轩笔录》、庞觉的《希夷先生传》、朱震的《汉上易解》、王辟之的《渑水燕谈录》、张师正的《倦游杂录》、林希的《两朝宝训》、朱熹的《五朝名臣言行录要》以及明末清初黄宗羲的《宋元学案》等;三是道教文献类,如宋朝陈葆光的《三洞群仙录》,元朝赵道一的《历世真仙体道通鉴》、张辂的《太华希夷志》,清朝彭定求的《道藏辑要·玉诠》等。但即便上述文献,涉及陈抟的记载也颇为稀少、零散,且真伪掺杂,多有抵牾,难以辨别;陈抟虽著作等身,具有圆融丰富、庞杂高深的思想体系,但其作品如今大多散佚,难以搜寻;而且身为高士隐者,陈抟奉行的又是晦迹韬光、不显其迹的行事风格;再加上后世津津乐道的逸事琐闻和"神迹"又进一步掩盖了其真实面目……所有这些都给后人研究陈抟增加了困难,因此后世学者只能在缺乏第一手资料的基础上,在各类零星及真讹难辨的记载和转述中,通过历史和逻辑相统一的方式,来研究其生平事迹、学术思想,以期窥其真实面目一二。本人作为一个业余爱好者,面对如此一位仰之弥高的儒宗道祖,甚感棘手。感谢乡梓学者型官员少青部长的厚爱与鼓励,本人勉领任务,把这次写作当作一次宝贵的学习机会。关于本书,本人初心是希望尽可能全面地介绍这位不为今人熟知的千古高道,以使初次接触到他的读者,能够通过本书对其有一定概括的认识。但是本人水平实在有限,只能在前人研究成果的基础上,在力所能及的范围内,做些粗浅的整理和探讨,既不一定能达到预期成效,又难免有错谬不当及疏漏之处,敬请各位方家指正。

华　衮

2022 年 11 月 25 日

目　录
CONTENTS

第一章　陈抟生平事迹

第一节　时代背景

　　繁荣昌盛的唐宋王朝之间,是封建割据、战乱纷争的五代十国占据着中国历史舞台。从 907 年朱温取代李唐王朝并正式称帝为后梁太祖开始,到 960 年赵匡胤取代后周并建立赵宋王朝止,长达 53 个春秋。在这半个世纪间,国家一直处于四分五裂、民不聊生的局面之中,正如北宋欧阳修《新五代史》所描绘这般:"五十三年之间,易五姓十三君,而亡国被弑者八,长者不过十余岁,甚三四岁而亡……于此之时,天下大乱,中国之祸,篡弑相寻。"这个时期可谓是中国古代历史上最动荡的时期之一,也是从大乱到大治的起承转合时代,一代"儒宗道祖"陈抟正是生活在这样的时代之中。

一、社会政治状况

　　俯瞰中华上下五千年历史,中国政治社会状况有过几次大的转折。这种动荡转折时期,由于统治者忙于争夺地盘,无形中给学术的自由发展留出了相对宽松的环境,客观上鼓励了学术的发展,往往促进了中国政治文化的发展和转型。因此,相对应中国政治社会状况的几次大转折,中国文化也迸发出几次大繁荣。三千多年前,武王伐纣建立西周,以封建宗法制度实行了八九百年的稳固统治,但随着种族间的激烈争斗、世袭贵族的养尊处优、血缘纽带的逐渐疏远,分封制形式的贵族政治开始衰微,中国政治社会制度经历了第一次转折,进入了战乱频仍、列国争霸的春秋战国时期,文化思想也出现了第一次大解放,学界涌现了诸子百家争鸣的局面。

而第二次政治社会大转折、思想文化大融合,也就发生在五代十国时期。唐王朝为了平息安史之乱、黄巢之乱,授予地方节度使更多的权力,中央政权对地方的掌控力不断削弱,从而导致军阀混战、烽烟四起,最终在 907 年朱温废唐,进入了天下大乱的五代时期——先后经历了后梁、后唐、后晋、后汉、后周五个朝代。直至 960 年,赵匡胤“陈桥兵变”并“黄袍加身”,才开启了大一统的北宋王朝。

五代时期,草泽竞奋,群雄纷争,军阀割据,导致传统的社会治理结构崩坏,打破了汉唐以来统治阶层以世家大族为主的结构,掌控权力的多为出身卑微的底层军将,多数君主目不识丁。这些人在原有社会体制中处于底层,受人压榨,一旦翻身为上,往往对原有世家大族屠戮一空;但另一方面,他们却大多向往文化礼仪,为稳固统治他们对前朝没有参与政治军事斗争的文人多优待有加。另外,为躲避战乱,这时的文人志士专心自由地研修学问,也流行隐逸避世之风,如清朝贾丰臻《宋学》对当时风气的点评:“五代时混乱已极,贤人君子相率避世,往往脱离政治的生涯,玩弄思想,别求快乐。”于是,五代时期成为中国思想文化的又一个大发展大融合时期。

二、思想文化发展状况

中国文化自魏晋南北朝以来,儒释道三家长期的对抗与对话、融合与批判,就漫流于中华民族的历史长河之中。隋唐统治者采取三教并重的政策,有时佛道二教甚至比儒家更占上风。道家创始人老子姓李,而唐高祖李渊所在的李氏家族据传有胡人血统,出于政治考量,武德三年(620年),唐高祖李渊追认老子为李姓始祖,唐皇室为老子之后,具有中原正统血统,并以老子庙为太庙。在此背景下,朝廷官方、道教组织、民间儒生都纷纷研究老庄思想,道教学者人才辈出,规模宏大的道教宫观遍布全国各地,道教的教理、教义和修炼方术等方面都有了不同程度的进步,道教在唐代得到了长足的发展。我国历史上的第一部道藏《开元道藏》就是在唐开元年间(713—741年)中纂修成的,该藏的完成对道教理论的传播和系统化起了重要的作用。

然而唐朝自中期以后,各种矛盾频出,"安史之乱"爆发,为了拯救危机,维护王朝统一,王朝中央官员主张消除地方藩镇,加强中央集权,在思想文化上纠正三教并列局面,推进王朝意识形态一体化。由于儒家文化建立了一整套关于社会、政治、经济、家庭、个人等系列的伦理要求和行为规范,为政治、经济、文化生活提供了一个优良可行、文明有序的思想指导、评判标准和话语体系,在此时,儒家这种修齐治平、天下一统的政治理想正好堪当此历史重任。因此,唐中期以后,一种以儒学为中心,以道家、佛家思想为两翼的思想文化体系和意识形态平台开始建构。

进入晚唐五代,军阀混战,社会更加动荡不安,儒家伦理虽然对社会生活进行了系统规范,然而现实中的道德失范触目惊心,无论是高高在上的君主,还是平民百姓,都朝不保夕,严重缺乏安全感。此时深受苦难的人们纷纷寻找救世良方,向往和平安宁而又逍遥自在的"神仙生活"，时人内心深处常常生发种种疑问——人生漫漫，生从何来、死又何去？宇宙本体、人生真相如何？伦理规范的先天合理性和价值根据又在何处？……关于这些形而上的思辨，儒学经典中除了《易学·系辞》的简略、晦奥的表述外，鲜有提及，儒家鼻祖孔子只言"未知生，焉知死"……显然，儒家学说已不能满足此时人们的精神需求，而佛道两家关于这些问题却都有深刻的探讨。佛学对生死、宇宙的思考思辨早已博大精微、自成系统，道家对自然天道、人生真谛、精神世界、生命修持早在老子、庄子书中就有精彩呈现。这样的社会环境给道教的广泛传播提供了适宜的土壤，也给道教介入社会提供了良好的机会。部分道士一改传统的遁迹山林、隐于世外的修行方式，汲取儒家的经世济民思想、佛教的普度众生思想，积极入世，拯救现实的苦难。据记载，五代时期不乏君主与道士有所交往的史实，道教在各个政权中都有较大的影响力。

因此，唐末五代北宋初期的学术界，儒释道三家合流、互融互鉴便成了一股不可抗拒的历史洪流。道家高士陈抟在此历史融合与转折之中，苦心研修，并形成叹为观止的思想建树，从而为中国自唐末至宋明的文化重建作出了不可磨灭的历史贡献。

第二节　人生经历

一、身世籍贯

陈抟名抟，字图南，号扶摇子，赐号"白云先生""希夷先生"。《老子》第十章云："抟气致柔，能如婴儿乎？"《管子·内业》云："抟气如神，万物备存。"陈抟名应与《老子》《管子》有关，而其字、号应取自《庄子》首篇《逍遥游》："鹏之徙于南冥也,水击三千里,抟扶摇而上者九万里","背负青天而莫之夭阏者,而后乃今将图南。"

陈抟的生年史籍没有明确记载。元朝赵道一《历世真仙体道通鉴》和张辂《太华希夷志》称陈抟享年118岁,"寿一百一十八岁。经七日,肢体犹温。有五色云蔽塞洞口,累日不散"。元朝脱脱等《宋史·陈抟传》记载其卒于宋太宗端拱二年(989年)。因此,据其卒年和寿命可推断,其生年是唐懿宗咸通十二年(871年)。118岁与常人相比确是略显神异,但考虑到陈抟是修养精深的高道,学界对此是通行认可的。而宋朝庞觉《希夷先生传》认为陈抟生于唐德宗年间(780—804年),享年200岁左右,则一般不为学界所取。

关于他的出生地或里籍,曾有多种说法。20世纪八九十年代以来,由于各地政府对所属地的历史文化资源的重视和挖掘,学界争论尤为热烈。主要有以下几种说法:亳州真源(今河南鹿邑)、普州崇龛(今四川潼南)、西洛(今河南洛阳西)、夔州府(今重庆奉节)、安岳(今四川安岳)、淮上(今安徽淮上)等。但被学界广泛认可的传统说法是第一种,即陈抟里籍在今河南省鹿邑县。

这种说法的根据有以下几点:

一是典籍里有不少关于陈抟是"真源人"的直接记载。如司马光《资治通鉴》:"帝召华山隐士真源陈抟,问以飞升黄白之术。"杨亿《谈苑》:"陈抟,谯郡真源人,与老子同乡里。"元脱脱等《宋史·陈抟传》:"陈抟,字图南,亳州真源人。"江少虞《宋朝事实类苑》:"陈抟,谯郡真源人,与老聃同乡里。"另《东都事略》、《五朝名臣言行录》、《宋诗纪事》、《中国人名大辞典》、旧版《辞源》、旧版《辞海》、新版《辞海》、《宗教词典》等均持此说。

二是历代道教界各类史籍、地理学著作,陈抟弟子及理学家们都是一致主张亳州真源说的。张辂《太华希夷志》:"先生名抟字图南,亳州真源人。"王处《西岳华山志》:"亳州真源人。"刘道明《武当富地总真集》:"陈抟亳州真源人。"赵道一《历世真仙体道通鉴》:"先生姓陈,名抟,字图南,号扶摇子,真源人也,与老子同乡里。"李贤等撰、官修《大明一统志》"襄阳府"及"开封府"下均作"陈抟,亳州真源人"。邵伯温《易学辨惑》:"亳州真源人。"朱嘉《宋名臣言行录前集》:"陈抟,希夷先生,字图南,亳州人。"

三是在河南鹿邑县至今仍流传不少有关陈抟的遗迹、传说,甚至还存留着关于他的文化仪式。在今鹿邑县太清宫镇西有个村庄叫陈竹园,陈竹园北一里多地,有一条蜿蜒流入大运河的涡河,据说就是陈抟的出生地。根据这里民众的代代传述,陈抟的生日为农历十月十五日。每年这天,当地都要举行庙会,以纪念"陈抟老祖"。涡淮流域是中国道家的故乡,道家的代表人物老子、庄子,道教创始人张陵以及张良、陈平、萧何、曹参、淮南王刘安、嵇康等,都诞生在涡淮这方灵秀而厚重的土地上。因此,作为高道的陈抟出生于此地是较为可信的。

而陈抟的家世则无考,"莫知所出"。他的出生是个谜,有关其童年生活的资料多是传说。比如,鹿邑县一带流行"十里荷花出陈抟",说陈抟是在荷花丛里诞生的;而明代倪缩《群谈采余》中则这样颇为神异怪诞地描绘他的出生:"陈图南,莫知所出。有渔人举网,得物甚巨,裹以紫衣,如肉球状。携以还家,溉釜爇薪,将煮食之。暨水初热,俄雷电绕室大震,渔人惶骇,取出掷地,衣裂儿生,乃从渔人姓陈名抟。"又传说陈抟出生后一直到四五岁才会说话,由仙姑青衣媪教导成才。元赵道一《历世真仙体道通鉴·陈抟传》记载:"生而不能言,始四五岁,戏涡水之滨,有青衣媪召置怀中乳之,自是能言,聪悟过人。"宋朝释文莹《玉壶清话》也这样记载:"始四五岁时,戏涡水侧,一青衣媪抱置怀中乳之,曰:'令汝更无嗜欲之性,聪悟过人。'"这之后,陈抟在仙姑青衣媪的哺育点化下开了蒙,开始认真系统地学习经史子集。他天赋异禀,过目成诵。《宋史·陈抟传》载:"读经史百家之言,一见成诵,悉无遗忘,颇以诗名。"赵道一《历世真仙体道通鉴·陈抟传》曰:"及长,经史一览无遗,一云自束发不为儿戏。年十五,诗礼书数至方药之书,莫不通究。"由此看来,出生成长在涡水之滨的神童、天才少年陈抟,很快就成长为既博学通识、才识过人,又风流倜傥、洒脱豪爽、受人敬仰的一代名士。庞觉《希夷先生传》曰:"唐士大夫挹其清风,欲识先生,而如景星庆云之出,争先睹之为快。"

二、博学通识　科举求仕

自汉武帝"罢黜百家,独尊儒术"以来,儒学一直是古代主流学术。隋唐开始实行的科举制度更是使天下读书人坚信"万般皆下品,唯有读书高",人生理想集中在经国济世方面。陈抟在传统儒家经典的学习中长大成人,自然也是希望走传统儒生的道路,沿着科举的路径,通过进身于封建王朝的仕林而一展抱负。然而,正如历史上很多才华出众、志向远大的文人一样,陈抟的科举之路并不顺利。一直到后唐明宗长兴三年(932年),已年过花甲的陈抟还是未能通过进士科的考试。《宋史·陈抟传》称"后唐长兴中,举进士不第",宋朝陶岳《五代史补》则称"数举不第"。不管究竟是历经了几次考试,反正陈抟最终没能通过及第入仕。

自幼受到良好的儒家通识教育,不仅"读经史百家之言"与"方药之书",而且"颇以诗名"的大才子陈抟,竟然"不第",其中原因,史料未有直接细述。结合时代背景分析,可能与以下因素相关:一是刻板拘泥的科考制度并不适合不世之才陈抟。二是科场腐败,考官受权贵裹挟,门阀观念浓厚。始于隋唐的科举制度虽试图打破阶层固化,而门阀士族却不甘心退出历史舞台,晚唐"牛李之争"便是科举士人与门阀士人争端的典型例子。陈抟所想致仕的晚唐,科举制尚未在政治中占绝对优势,中国社会仍带有浓厚的贵族制残余,而陈抟在朝廷中自然是没有靠山的。三是晚唐五代时期局势极为混乱,干戈扰攘,王室内部危机四起,科举等政治活动客观上不能如往昔那般规范,经常不能按时举行。

长兴四年(933 年),即陈抟长兴三年举进士不第的第二年,后唐明宗在内乱中受惊因病而死,陈抟"遂不求禄仕,以山水为乐",转而向道。自此,其人生发生了重大转折……

三、由儒入道　隐居武当

1.由儒入道

离开科举求仕道路之后,陈抟开始访道求仙,隐居山林,寻求一种新的境界。他曾在山东青州云门山遇到孙君仿、獐皮处士两位高人,一见如故,相谈甚欢,七天七夜也无丝毫倦意。《仙籍总龟》载:"适与孙君仿、獐皮处士遇,相与谈易与老庄,直七日夜不辍。游心天地外,脱出五行中之心,便油然而生。"在两位高人的指引下,陈抟先是去武当山九室岩隐居 20 多年,后"移居华山云台观,又止少华石室"。元脱脱等《宋史·陈抟传》载:"遂不求禄仕,以山水为乐。自言尝遇孙君仿、獐皮处士,二人者高尚之人也。语抟曰:'武当山九室岩可以隐君。'抟往栖焉。因服气辟谷,历二十余年,但日饮酒数杯。移居华山云台观,又止少华石室。每寝处,多百余日不起。"

陈抟为何选择了这条一心向道的路呢? 经对其阅历的反复审视,可罗列因素如下:一是他虽有经国济世的宏图大志,但"举进士不第",报国无门。二是连年兵燹、世风崩坏,他长年目睹军阀屠戮成性、民不聊生的悲惨景象,深感世事无常。三是亲人的离世,进一步促使他看破红尘,对名利了无牵挂。据宋朝庞觉《希夷先生传》载:"亲丧……乃尽以家资遗人,惟携一古铛而去。"亲人离世后,他不愿再与世俗的功名利禄有任何牵连,遂散尽家财,翩然而去。四是在他纵情山水、结交高人的过程中已开阔了视野、提升了格局——对当时的他来说,隐居山林不仅可以远祸避害、杜绝俗扰,更可以满足探求宇宙人生奥秘的求知欲。宋朝刘斧《青琐高议前集》云:"吾向所学,足以记姓名耳。吾将弃此,游太山之巅,长松之下,与安期生、黄石公论出世法,合不死药,安能与世俗辈汩没出入生死轮回间?"

对于陈抟由儒而道这其中的深层文化因素,四川学者孔又专在《陈抟道教思想研究》中的分析极为透彻系统:"1. 陈抟时代的社会政治原因是促使他摆脱尘世纷争,向往自在逍遥的根本原因。……战争和封建权力纷争,不仅使当时的社会经济文化发展衰退,更使人生的价值沦落至虚无。传统的儒家思想受到质疑,封建伦理被政客肆意践踏,世事无常,人生恍惚,儒家标榜的功名利禄只不过是隔世虚幻。人生境遇的偶然性自然使文人志士产生人生如梦的感慨。洞府仙乡,自然成为他们现实中理想的安身立命之所。正所谓'五代之乱,天下扰攘者四五十年,贤人君子黄冠弃世,遁迹山林,尤难指数。如陈抟之栖华山,种放之隐终南……或著述自娱,或勤行修炼,并为当代王者所宗仰'。2. 陈抟个人举进士不第和家庭变故是促使他由儒入道的直接原因……3. 道教义理的发展成熟、上层社会对道教的重视、浓厚的道教氛围契合陈抟当时的内心需求。经过隋唐,道教义理已经得到很大发展,在与儒、佛二教的交叉融合中,道教以《老》《庄》和其他道教经典为依据,充分吸收儒家正心诚意和佛教止观、禅定等思想,使自己的道教哲学体系更趋严密。……即使在安史之乱和五代十国时期,道教仍然被统治者重视,具有较高的社会地位,亦产生许多道教大师。重视玄静、强调内心炼养等特点的道教氛围对于饱读诗书、有宏图大志但在现实生活中遭遇挫折的陈抟无疑有致命的吸引力。"

2.武当清修 著述颇丰

武当山,又称太和山,处大巴山北脉,今湖北省丹江口境内,是有名的道教名山、"仙山"。相传武当山保护神真武大帝在此山修炼40余年,后得道飞升。据元脱脱等《宋史·陈抟传》,大约在后唐清泰年间(934—936年),"举进士不第"、已过花甲之年的陈抟来到武当山,开始潜心修道,在此隐居20多年之久。

他先在武当山九室岩修炼。南宋王象之的《舆地纪胜》称:"山下有九室,唐置九室宫。山峦重叠,如墙如堂,穿云蹑蹬而上,古木苍翠,天风清冷,为房域幽丽最奇处。山多仙,南数里有仙宫寺,宋时陈希夷修炼于此,石基犹存。"

陈抟在九室岩的修炼功法,主要是辟谷服气。辟谷服气是道教的传统功法,道教认为"食草者善走而愚,食肉者多力而悍,食谷者智而不寿,食气者神明不死","欲得生,肠中当清,欲得不死,肠中无滓"。因而辟谷期间不食五谷杂粮肉蛋蔬菜等日常食物,而是服用天地自然之气。据传陈抟在辟谷期间,每天仅喝一点自己酿制的补酒以保持体能。元脱脱等《宋史·陈抟传》载:"因服气辟谷,历二十余年,但日饮酒数杯。"元赵道一《历世真仙体道通鉴》载:"宋太宗太平兴国三年四月乙卯,召华山道士真源丁少微至阙,少微善服气引年,与陈抟齐名,然少微志向清洁,抟嗜酒放旷。"

后来,他从九室岩迁到五龙观自然庵——此处正是汉代马明生、阴长生师徒炼太阳神丹的地方。在此期间,陈抟练就了扬名天下的睡功,"或一睡三年"(魏泰《东轩笔录》),即后来"高卧华山"之睡功。"移居华山云台观，又止少华石室。每寝处，多百余日不起"。关于睡功是从何得道，众说纷纭。有一种传说流传甚广，说陈抟在五龙观日日诵读《易经》，感动了五炁龙君，传授给了他蛰龙法；另一种则是说，陈抟在五龙观修道时遇到一位身怀绝技的高隐，正是这位高隐传授给陈抟的——这期间他曾游四川，到邛州天庆观随何昌一学"锁鼻术"，这种功法类似蛰龙法，也是一种睡功。除获得上述高人传授指点之外，陈抟个人的勤修苦练和超强感悟力，使他最终练成了高妙的睡功。

在武当山修道期间，陈抟著述颇丰，有《指玄篇》《入室还丹诗》《三峰寓言》《高阳集》《阴真君还丹歌注》《钓潭集》等，还有诗 600 余首。"皆罗缕道妙，包括至真"（《历世真仙体道通鉴》）。《指玄篇》又称《九室指玄篇》，共 81 章，以诗歌口诀形式记述了陈抟修炼内丹的心得体会，后周宰相王溥曾专门笺释《九室指玄篇》的内容。元脱脱等《宋史·陈抟传》曰："言导养及还丹之事，宰相王溥亦著八十一章，以笺其旨。"可惜如今大多失传，无从索考，只有少数口诀因在他人修道著作中被引用而有幸存留。

在五龙观，陈抟虽是隐居，但名气越来越大，山外来拜见的人络绎不绝，他每天不得不花费大量精力迎来送往。他日益感到如此情景十分不利于清修，因此，后来又从五龙观迁去诵经台、白云岩等几个地方。

3. 寻仙觅道得真传

陈抟在武当山隐修期间经常出游，如曾长期西游后蜀——普州、邛州、峨眉山、鹤鸣山、邛崃山等都留下了他的足迹，"图南仙踪""陈抟炼丹处"等遗迹比比皆是。四川省安岳县至今仍保留着刻有陈抟《自赞铭》的碑石："一念之善，则天地神祇祥风和气皆在于此。一念之恶，则祅星厉鬼凶荒札瘥皆在于此。是以君子慎其独。"

陈抟出游主要是为寻访高道、求仙觅真，因此出游期间他结交了不少道友。武当山期间对他影响比较大的师友主要是何昌一、麻衣道者。

何昌一，邛州天庆观都威仪，在宋朝李简易的《玉溪子丹经指要》卷首《混元仙派传授图》中列名，其道术下传曾著《化书》六卷的谭峭。谭峭与陈抟甚为交好。上文曾述，后晋天福年间（936—943 年），陈抟云游四川，拜何昌一为师，学习"锁鼻息飞精"之术。"锁鼻术"是一种精深玄妙的内丹修炼术，与陈抟在武当山修炼的"蛰龙法"异曲同工。如北宋文同的《丹渊集》记载："（陈抟）后晋天福中来游蜀。闻是州天师观都威仪何昌一有道术，善锁鼻息飞精，漠然一就枕辄越月始寤。遂留此学，卒能行之。"书中还录有《书邛州天庆观希夷先生诗后》。宋陆游《老学庵笔记》也详细记录了这件事："予游邛州天庆观，有陈希夷诗石刻云：'因攀奉县尹尚书水南小酌回，舍辔特叩松扃，谒高公，茶话移时，偶书二十八字，道门弟子图南上。'其诗云：'我谓浮荣真是幻，醉来舍辔谒高公。因聆玄论冥冥理，转觉尘寰一梦中。'末书'太岁丁酉'，盖蜀孟昶时，当石晋天福中也。天庆本唐天师观，诗后有文与可跋，大略云：'高公者，此观都威仪何昌一也，希夷从之学锁鼻术。'"北宋进士文与可在其著作《丹渊集·拾遗下》中有《书邛州天庆观希夷先生诗后》，详载始末："希夷先生陈抟，字图南。后晋天福中来游蜀。闻是州天师观都威仪何昌一有道术，善锁彝息飞精，漠然一就枕辄越月始寤。遂留此学，卒能行之。后归关中，所修益高，蜕老而婴，动如神人……当时有赠昌一者，亲墨殿楹上。"

此后陈抟迁居了华山，仍继续修行睡功，常闭门独卧，百余日不起，愈发名扬天下、受人仰慕。并且，他逐渐发展出了自己的内丹理论"至人之睡"。这在赵道一《历世真仙体道通鉴》等道教书籍中都载有具体方法："留藏金息，饮纳玉液，金门牢而不可开，土户闭而不可启。苍龙守乎青宫，素虎伏于西室。真气运转于丹池，神水循环乎五内，呼甲丁以直其时,召百灵以卫其室。然后吾神出于九宫,恣游青碧……故其睡也,不知岁月之迁移,安愁陵谷之改变?"

陈抟在武当山出游寻访期间,遇到的另一位老师麻衣道者,更可谓是对其一生有着至关重要的影响。麻衣道者,生平不详。有说他原名李和,道号初阳,内乡(今河南内乡县)人,"生而神异,绀发美姿",是一位半道半僧的高人。他隐修于南阳灵堂山,洞居十九年,冬夏恒穿麻衣,故号"麻衣道者"。他还常以僧人打扮劝世度人,所以又称"麻衣僧人"。宋章炳文《搜神秘览》中对其之描绘极为生动:"麻衣道者,不知其姓名、谁氏之子、乡里州县。常以麻辫为衣,蓬面积垢秽,然颜如童稚,双瞳凝碧。多在定州、真定、保塞,人识之积久。未尝启口,惟缄然而已,见酒即喜扑,亦不至耽滥。"

麻衣道者佛学、易学均造诣精深,既精通术数易学,又擅长禅理,融三教为一体,著《正易心法》,开创宋代图易学先河。陈抟曾师从麻衣道者隐修多年,麻衣道者将《正易心法》、《先天图》、河洛秘诀传与陈抟。这些著作运用佛教"唯心是法"的观念,打破了当时儒家易学的传统,融"老、佛、医、卜诸说"为一体,对陈抟后来形成的学术思想有着深远的影响。明黄宗炎《太极图辨》说:"陈又得《先天图》于麻衣道者。""陈抟好《易》,得易学秘旨于麻衣道者。"宋朝李简易《玉溪子丹经指要》卷首《混元仙派图》中有麻衣道者,其下即系以陈抟。《张三丰全集》卷一说:"文始传麻衣,麻衣传希夷,希夷传火龙,火龙传三丰。或以为隐仙派者。"

即便后来隐居华山,陈抟仍与麻衣道者有来往。据宋王象之《舆地纪胜》载,麻衣道者曾与陈抟同在崇龛修道,有"小香王先生崇龛人,常游天池,遇陈希夷及麻衣道者,乃辟谷修炼,后尸解于青城山矣"。麻衣道者、陈抟二人共同创作了《先天易学》(又称《图书易》),对宋代思想学术界影响甚大。南宋理学家张栻评价《正易心法》：“呜呼！此真麻衣道者之书也。其说独本于羲皇之画，推乾坤之自然，考卦脉之流动，论反对变复之际，深矣，其自得者欤。希夷隐君，实传其学。二公高视尘外，皆有长往不来之愿，仰列御寇、庄周之徒欤。……希夷述其说曰：‘学易者当于羲皇心地上驰骋，无于周孔脚迹下盘旋。’”宋朝释志磐的《佛祖统纪》称：“处士陈抟，受《易》于麻衣道者，得所述《正易心法》四十二章，理极天人，历诋先儒之失，抟始为之注。及受《河图》《洛书》之诀，发易道之秘，汉晋诸儒如郑康成、京房、王弼、韩康伯皆所未知也。”正是他们这种敢于革新的精神，开拓了宋代易学研究的新思潮，使宋代易学的研究，无论是在义理上还是在象数方面，都达到了前所未有的高度。

另外，麻衣道者还精通相法术数。他的著作《麻衣相法》对后世影响深远，至今仍在民间流行。陈抟也从麻衣道者处修习到相法，他不仅付诸实践，还撰写《人伦风鉴》《心相篇》等，进行理论总结。关于麻衣道者的神奇相法，宋人有很多记载。《太华希夷志》《邵氏闻见录》《湘山野录》《宋人轶事汇编》等均曾记述一件二人与钱若水看相的故事。如《邵氏闻见录》记载：“钱若水为举子时，见希夷于华山。希夷初谓若水有仙风道骨，意未决，希夷曰：‘明日当再来。’若水如期往，见有一老僧与希夷拥地炉坐。僧熟视若水，久之不语，以火箸画灰作‘做不得’三字，徐曰：急流中勇退人也。若水辞去，希夷不复留。后若水登科为枢密副使，年才四十致仕。（僧云）‘做不得’，（希夷）故不复留，然急流中勇退，去神仙不远矣。僧，麻衣道者也，希夷素所尊礼云。”张辂《太华希夷志》也载：“钱文禧公若水少谒希夷，求相邀入山斋，地炉畔见老僧拥怀衲瞑目附火，钱揖之，僧微开目而已。良久，希夷问曰：‘如何？’僧摆头曰：‘无此等骨。’后见，希夷曰：‘吾始见子神貌清粹，谓子可学神仙,而此僧言子无仙骨,但可作贵公卿耳。'钱曰:'其僧何人耶?'希夷曰:'麻衣道者。'"宋章炳文《搜神秘览》对此这样评论:"人问其甲子修短,及卜前因未来,皆书画于纸。其言为接引世俗,明了本性,大抵戒人归于为善杜恶已,而乖睽分错,不可探索……常有赞颂,得其一曰:'这里有情忘我,诸佛大恩增长,地狱时时转多。不忍见,不忍见,三转净行,不及愚夫五欲乐。'"

陈抟对这位老师敬重有加,曾赞颂麻衣道者"道行高洁,学通天人,至于知人,尤为有神仙之鉴"。《太华希夷志》还记载了另一件事,足以看出陈抟对老师的敬重与二人之间的默契:宋太祖赵匡胤第三次派使者守中、持诏并亲笔诗征召陈抟,陈抟无奈与之前行,临行前为其师麻衣道者赋诗一首——《留别山中麻衣道友》:"华岳峰前两路分,数间茅屋一溪云。师言耳聩持知久,人是人非闻未闻。"麻衣道者答诗暗喻曰:"独坐茅庵迥出尘,亦无主钵日随身。逢人不话人间事,便是人间无事人。""先生得诗,默喻其旨,相别讫。"

四、迁居华山　长生久视

1.华山隐修

关于陈抟是何时迁居华山的,史籍上没有确切记载。不过,《宋史·陈抟传》载:"周世宗好黄白术,有以抟名闻者,显德三年,命华州送至阙下,留止禁中月余,从容问其术。"这说明后周显德三年(956年)之前陈抟已经在华山了。而且,《历世真仙体道通鉴》称陈抟"是时年已七十余,俄徙居华山,得古云台观基,辟荆榛而居之"。由此推算,大致是后晋出帝天福八年(943年)至后汉隐帝乾祐三年(950年),70多岁的陈抟从武当山白云岩迁华山云台观。

西岳华山位于今陕西省华阴市境内,雄奇险峻,自古就有"华山一条路"的说法,可谓是躲避世俗干扰、清心隐修的绝妙之处,不少高人隐士在此修行,据说早在战国时已有高人在此栖息修真。

　　陈抟迁居西岳华山的原因大致有三种说法。一是带有浓厚神话色彩的道教界说法。《历世真仙体道通鉴》曰:"(希夷)尝夜立庭间,见金人持剑呼曰:'子道成矣!当有归成之地。'先生曰:'金人云归成之地,盖秋为万物之所敛,而归者也,吾其隐于西方乎?'"因为按照五行理论,西方属金配秋,所以陈抟从持剑金人的指点话语中悟到他应归隐于西方,高卧华山。另有明朝王圻《续文献通考》载:"五龙化为老人曰:华山乃先生栖息之地。""华山是先生栖隐之所。"二是邵伯温《邵氏闻见录》里的说法:"(陈抟)乘白骡,从恶少年数百,欲入汴州。中途闻艺祖登极,大笑坠骡,曰:'天下于是定矣!'遂入华山为道士,茸唐云台观居之。艺祖召,不至。"这种说法更系传说,因宋太祖在960年才登基,而前述陈抟在943—950年间已迁入华山隐居了。所以,不论是受金人、五龙指点,还是闻艺祖登极而入华山,这两种说法都不足信。三是因为陈抟在武当山"声誉远著,倦于迎待",而华山更为险峻,常人很难打扰,更利于清修,另外华山高人云集,也便于师友间相约。目前学界普遍认可第三种说法。

　　隐居华山后,陈抟以"睡"著称,人称"睡仙"。云台观曾经是楼观道的道场,此处人迹罕至,空灵静谧,自古便有不少高人隐士于此修道。陈抟上去后在古观基址上搭建了一个简单茅棚居住,"得古云台观基,辟荆榛而居之"。不受外界打扰的陈抟虽生活清苦,但自在逍遥,优哉游哉,每天隐于睡,小则亘月,大则经年方一觉。"咏嘲风月之清,笑傲云霞之表。遂性所乐,得意何言,精神高于物外,肌体浮乎云烟;虽潜至道之根,第尽陶成之域"。有一个传说故事表现了他高妙的睡功境界:一次,有位客人来拜访陈抟,正碰上他在酣睡,旁边有一位道士一边聆听他的气息，一边用笔记录下来，满纸涂得像天书一般。客人不解地问那位道士："这是什么？"道士答道："这是陈抟先生的华胥调、混沌谱啊！"可见，陈抟的气息已然如天籁一样，合于自然、融入大道了。

在华山这样的高隐之地，陈抟潜心于精神领域的探索，精研易学玄机，务穷宇宙之秘，开拓了有宋一代学术新风。

2.仙逝

北宋端拱二年(989年)，陈抟仙逝于华山张超谷，享年118岁。据说陈抟之前已预知自己的死期，吩咐弟子贾得升(一作"贾德升")到华山张超谷预凿石室作为归化地，临终前还上书宋太宗。《宋史·陈抟传》载："端拱初，忽谓弟子贾得升曰：'汝可于张超谷凿石为室，吾将憩焉。'二年秋七月，石室成，抟手书数百言为表，其略曰：'臣抟大数有终，圣朝难恋，已于今月二十二日化形于莲花峰下张超谷中。'"还交代贾得升在自己仙化后，带上"龟鹤鞍马"入朝归还太宗。《宋史·陈抟传》载："如其而卒，经七日，肢体犹温。有五色云蔽塞洞口，弥月不散。"

3.华山师友

历数陈抟一生中所交往之人，大致可分为三种类型，其交往态度也各有不同。

一是士大夫。陈抟早期本为儒生，颇有声望，"唐士大夫挹其清风，欲识先生，而如景星庆云之出，争先睹之为快"，然而他并不愿意和这类世俗之人交往，"皆不与之友"，"谢绝人事，野冠草服，行歌坐乐、日游市肆，若入无人之境"(《历世真仙体道通鉴》)。

二是帝王。面对各朝帝王的钦慕与招抚，他不为荣华所动，不为声名所拘，他的交往态度主要是劝说治国安民，或出谋献策，或托以完成天下统一大任的期望。如对赵匡胤兄弟，当听说宋太祖登基，便大笑坠

下驴背曰:"天下自此定矣。"(与各帝王的交往故事,将在下一小节专门叙述详情)

三是道士隐者。这是他最愿意交往、对他影响也最大的一类朋友。对这些遁迹山林的高士,他常常"相与谈《易》与老庄,直七日不辍"。这些相谈甚欢的师友,既有何昌一、谭峭、吕洞宾这样的逸人,也有麻衣道者这样的高僧高道。见于文献记载的有孙君仿、獐皮处士、李琪、钟离权、吕洞宾、何昌一、苏澄隐、女真毛女、麻衣道者、李八百、白鹿先生、谭峭等十数人。这些身怀绝学的隐士高人构成了当时神秘高深的华山"学术圈",在广阔的山水间,陈抟与他们自由地畅谈论辩。在不断的切磋交流、思想碰撞中,他博采众长,兼收并取,圆融易老,贯通了儒释道,从而开源宋明理学。

关于他们交往的历史记载虽然比较零散,甚至不乏一些神乎其神的逸闻趣事,但不妨从中撷取几段,相信仍然有助于我们想象 1000 多年前这群方外高士的隐修风貌,理解他们自由交流、互相启发的浓厚学术氛围,以及这些对于陈抟学术体系成熟的意义和价值——

孙君仿、獐皮处士,是曾指点陈抟到武当山九室岩修炼的两位高人,陈抟到华山后与他们仍有交往。《玉壶清话》中记述了一段陈抟与孙君仿、獐皮处士及苏澄隐、丁少微结伴云游的轶事,赵道一《历世真仙体道通鉴·陈抟传》亦有同样记载:"太祖征太原还,至真定,幸龙兴观。道士苏澄隐迎銮驾,霜简星冠,年九十许,气貌翘竦。上因延问甚久,自言顷与亳州道士丁少微、华山陈抟结游于关、洛,尝遇孙君仿、獐皮处士。上问曰:'得何术?'对曰:'臣得长啸引和之法。'遂令长啸,其声清入杳冥,移时不绝。"

关于李琪与吕洞宾,元脱脱等《宋史·陈抟传》中有这样的介绍:"华阳隐士李琪,自言唐开元中郎官,已数百岁,人罕见者。关西逸人吕洞宾,有剑术,百余岁而童颜,步履轻疾,顷刻数百里,世以为神仙。皆数来抟斋中,人咸异之。"南怀瑾《中国道教发展史略》曾记载吕洞宾在江州望江亭自云:"吾京川人,唐末三举进士不第,因游江湖间,遇钟离子,受延命之术。寻又遇苦竹真君,传日月交拜之法。久之,适终南山,再见钟离子,得金液大丹之功。年五十,道始成。世多称吾能飞剑戮人者,吾闻之笑曰:慈悲者佛也。仙犹佛也,安有取人性命乎?吾固有剑,盖异于彼。一断贪嗔,二断爱欲,三断烦恼,此其三剑也。吾成道以来,所度者何仙姑、郭上灶二人,吾尝谓世人奉吾真,何若行吾行。既行吾行,又行吾法,不必见吾,自成大道。不然,日与吾游何益哉!"

吕洞宾曾授给陈抟《无极图》,最终让陈抟形成并完善了他的内丹修炼理论。黄宗炎《太极图辨》称:"考河上公本,图名《无极图》,魏伯阳得之以著《周易参同契》,钟离权得之以授吕洞宾,洞宾后与陈抟同隐于华山,而以授陈,陈刻之华山石壁。"《无极图》最早是河上公所传,魏伯阳据此著《周易参同契》,钟离权得到后传给吕洞宾,吕洞宾后与陈抟同隐华山,又传授给陈抟,陈抟将其刻在华山石壁之上。

《太华希夷志》还记载了陈抟与吕洞宾交往时的一件趣事:"陈尧佐知华州,一日谒希夷先生。坐定与语。少顷有一道士,风姿英爽,目如点漆,真神仙中人也,径入坐次,希夷急避尊位。略话数语,皆方外之事。须臾,豹囊中取枣一枚与尧佐,却而不受。希夷起接啖之。不久,辞去,送于观外。复会坐,尧佐曰:'此何人?'希夷曰:'即洞宾也。'尧佐悔愕不已。"

吕洞宾的老师钟离权和陈抟也有交往,赵道一《历世真仙体道通鉴》有这样一段记述:"陈康肃公尧咨既登第,过谒先生。坐中有道人毳袤,意象轩傲,目康肃公,连言曰:'南庵。'语已,径去。康肃公深异之,问曰:'向来何人?'先生曰:'钟离子也。'康肃公惘然,欲去追之,先生笑曰：'已在数千里之外矣。'康肃公曰：'南庵何谓也？'先生曰：'他日自知之。'"

陈抟与毛女的交往，《三洞群仙录》有如下记载："毛女字正美，隐华山，形体生毛，自言秦时宫人，后流亡入山，道士教食松叶，遂不饥寒，身轻如飞。陈抟常与游，华山樵人多见之。"赵道一《历世真仙体道通鉴》还收录了陈抟赠毛女的两首诗："药苗不满筥，又更上危颠。回指归去路，相将入翠烟。""曾折松枝为宝栉，又编栗叶作罗襦。有时问著秦宫事，笑捻仙花望太虚。"

陈抟与李八百、白鹿先生的交往故事更是扑朔迷离。《太华希夷志》中有这样奇特的记载："先生忽谓弟子贾德升曰：'今日有佳客，至，当速见报。'少顷，一人衣短褐，青巾，叩门，贾未及报，其人忽而而去。先生遽出，追之一里余，遇老人衣鹿皮，因问曰：'前去远否？'老人曰：'此神仙李八百也，动则八百里。'又悟鹿衣者乃太清得道白鹿先生也。李即不及，而鹿衣者亦失所在。希夷先生曰：'吾不久留此世矣。'"《三洞群仙录》亦有类似记载。

陈抟师从麻衣道者的事迹记载相对较多，在上一节"由儒入道 隐居武当"中已有详述。陈抟隐居华山后，与师父麻衣道者仍有往来。麻衣道者传《正易心法》、《先天图》、河洛秘诀于陈抟，二者又共同推出《先天易学》，即《图书易》。

陈抟与谭峭互为师友，他们同出何昌一门下，关系密切。《历世真仙体道通鉴》中记载陈抟曾为宋齐丘剽窃谭峭《化书》而打抱不平："吾师友谭景升始于终南山，著《化书》，因游三茅。经历建康，见宋齐丘有仙风道骨，虽溺机智而异乎黄埃稠人……景升乃出《化书》，授齐丘曰：是书之化，其化无穷，愿子序之，流于后世。于是杖䇲而去。齐丘夺为己有而序之耳。噫，昔向秀述《南华解义》，未传而死，郭象偷解成注，诚罪人也。今谭君名刻于白简,身不老于人间,齐丘敢纵其盗心,蔽其仙迹,其罪尤著也,果不得其死,宜乎哉!"

陈抟通过与上述这些高士道友的切磋交流,汲取了大量的精神养分。在此过程中,他重阐老庄奥义,务穷易道之秘,总结发展了隋唐五代以来道教文化的精粹,从而开启宋代三教合一的思想潮流,成为中国学术史上一位重要人物。

4.收徒传道

陈抟在受到几位皇帝召见,尤其是宋太宗召见后,声名远扬,想拜他为师的人"不可胜数"——"由是海内无贤不肖而其风而慕之,其愿操几杖以师事之者,不可胜数"。不过,潜心治学的陈抟并不轻易收徒,当时直接得到他亲传的也只有种放、贾得升、张无梦、杨俴、金砺等几个人。

种放,字明逸,洛阳(今河南洛阳市)人,是一位承传陈抟图书易学成就、继往开来式的关键人物。早年他与母亲隐居在终南山豹林谷,仰慕陈抟高名,遂前往华山拜见。《邵氏闻见录》《东轩笔录》《湘山野录》《渑水燕谈录》等都记载二人初见的故事:"希夷先生一日令洒扫庭除,曰:'当有嘉客至。'明逸作樵夫拜庭下,希夷挽之而上曰:'君岂樵者? 二十年后当为显官,名声闻于天下。'明逸曰:'某以道义来,官禄非所问也。'希夷笑曰:'人之贵贱莫不有命,贵者不可为贱,亦犹贱者不可为贵也。君骨相当尔,虽晦迹山林,恐竟不能安,异日自知之。'后明逸在真庙朝,以司谏赴召。帝携其手,登龙图阁,论天下事,盖眷遇如此。及辞归山,迁谏议大夫。东封,改给事中,西祀,改工部侍郎。"陈抟还曾告诫种放:"子他日遭逢明主,不假进取,迹动天阙,名驰寰海。名者,古今之美器,造物者深忌之。天地间无完名,子名将起,必有物败之,戒之!"

　　贾得升则是一直跟随在陈抟身边、照顾其日常生活的学生。陈抟仙逝后,他继承了陈抟在华山的事业,主持云台观道场,被宋太宗封为悟真大师。陈抟仙逝前曾嘱咐他:"汝可于张超谷凿石为室,吾将憩焉。"端拱二年(989年)七月二十二日,他目睹了恩师化形于莲化峰下张超谷中,如期而卒。陈抟生前交代贾得升在自己仙化后,带上"龟鹤鞍马"入朝归还太宗。赵道一《历世真仙体道通鉴》载:"(太宗)独览久之,以龟鹤鞍马复赐得升,仍赐紫服,并赐号曰悟真,又予钱五百万,俾营北极殿,以终其志。"

　　张无梦是陈抟的另一高足,字灵隐,号鸿蒙子,著有《还元篇》《琼台诗集》等,承传陈抟的内丹法和老庄学。赵道一《历世真仙体道通鉴》载:"遂入华山,与种放、刘海蟾结方外友,事陈希夷先生,无梦多得微旨。"

　　衣冠子金砺曾当面请教陈抟"睡功"的奥秘。赵道一《历世真仙体道通鉴》载:"砺伏谒甚恭,乃请于先生曰:'砺向游华山,欲见先生,会先生睡未觉,睡亦有道乎?愿先生诲之,开其所未悟。'先生哑然有声,耸肩收足,昂面颓然曰:'不意子繁琐若是也,于起居寝处尚不能识,欲脱离生死跃出轮回难矣。今饱食逸居,汲汲惟患衣食之不丰,饥而食,倦而卧,鼾声闻于四远,一夕则辄数觉者,名利声色汩其神识,酒醴膏膻昏其心志,此世俗之睡也。若至人之睡,留藏金息,饮纳玉液,金门牢而不可开,土户闭而不可启。苍龙守乎青宫,素虎伏于西室,真气运转于丹池,神水循环乎五内,呼甲丁以直其时,召百灵以卫其室。然后吾神出于九宫,恣游青碧,履虚如履实,升上若就下,冉冉与祥风遨游,飘飘共闲云出没。坐至昆仑紫府,遍履福地洞天,咀日月之精华,玩烟霞之绝景,访真人论方外之理,期仙子为异域之游,看沧海以成尘,指阴阳而舒啸,兴欲返则足蹑清风,身浮落景。故其睡也,不知岁月之迁移,安愁陵谷之改变？'"陈抟还曾专门就此话题赠诗给金砺，谈常人之睡与仙人之睡的本质区别："常人无所重，惟睡乃为重。举世皆为息，魂离形不动。觉来无所知，知来心愈用。堪笑尘中人，不知梦是梦。""至人本无梦，其梦乃游仙。真人亦无梦，睡则浮云烟。炉中长存药，壶中别有天。欲知睡梦里，人间第一玄。"

五、帝王交往　济世事迹

1.雄武大略　人中之龙

陈抟一生历经晚唐、五代、宋初，早年饱览儒家诗书，后归隐山林，是一位亦道亦儒的高士。他虽隐居山中，却并未与世隔绝，始终关心苍生，忧国忧民，他在周游四方、寻仙觅真的同时，又"多游京国间"，了解社会，观察各阶层，追求拨乱反正、治理天下的理想。当代学者卿希泰《中国道教思想史纲》中说："作为隐者的陈抟，并非与世隔绝、单纯修炼，相反，他胸怀大志，经常关心当时时局的发展。"宋朝邵伯温《闻见前录》说他"游四方，有大志"，曾"揽镜自照曰：'非仙而即帝'，其自任如此"。据传陈抟在九室岩还写过一首著名的《隐武当山诗》："暂隐九室岩，乘云可飞腾。他年南面去，记得此山名。"种放为陈抟之学立碑曰"明皇帝王霸之道"。《东轩笔录》言"图南有经世之才，生唐末厌五代之乱，入武当山学神仙之术。自（后）晋（后）唐以来，闻一朝革命，则频蹙数日，有人问者，瞪目不答"。赵道一《历世真仙体道通鉴》说："先生负经济之才，历五季之乱，每闻一朝革命，辄颦眉数日。"宋太宗诏令称他曰："抱道山中，洗心物外；养太素浩然之气，应上界少微之星；节配巢、由，道遵黄老，怀经纶之长策，不谒王侯；蕴将相之奇才，未朝天子。"近现代著名学者蒙文通《陈图南学谱》则赞曰："图南不徒为高隐，而实博学多能；不徒为书生，而固有雄武大略。真人中之龙耶！方其高卧三峰,两宋之道德文章,已系于一身。"由此可见,陈抟虽然一生都未当官从政,但他具有经世之才,通晓治国之道,心系天下,以苍生为己任,始终关心国家的安危与统一。

2.帝王交往　建言献策

陈抟声名远播,又"明皇帝王霸之道",所以朝廷对他既不太放心又想有所借重。如何处理修道与政治的复杂关系,是陈抟不得不慎重考虑的现实问题。史料记载,先后有四位帝王(唐明宗、周世宗、宋太祖、宋太宗)都曾召见过陈抟。陈抟与帝王的这些交往,一方面说明了陈抟是不同于只求度己、长生成仙的普通隐士,而是具有济世情怀和雄武大略的人中之龙;另一方面也说明了当时的统治者为维护王权统治,仍然向往文化礼仪,愿意笼络英杰,对没有参与政治军事斗争的文臣士人、道士高人比较礼遇看重,同时也可窥见,当时道教的地位也相对较高。

第一个召见他的是后唐的唐明宗。据说陈抟见他时只是长揖而不跪,唐明宗并不违迕,还送三个宫女考验他。陈抟为此上表婉言谢绝:"赵国名姬,汉庭淑女,行尤婉美,身本良家,一入深宫,久膺富贵。昔居天上,今落人间,臣不敢纳于私家,谨用安之别馆。臣性如麋鹿,迹若萍蓬,飘若从风之云,泛如无缆之舸,臣送彼复归清禁。"又赋诗一首:"雪为肌体玉为腮,多谢君王送得来。处士不兴巫峡梦,空烦神女下阳台。"明宗方知他果然是清心寡欲的世外高人,于是"待之愈谨,赐先生号清虚处士"。

第二个是后周世宗柴荣。显德年间,世宗听说陈抟有奇才远略,且被称为"人中龙",世宗认为陈抟必有大志,对他是否能忠君有所疑虑。另外世宗也像很多帝王一样希望长生不老、江山永驻,喜好道教黄白术,所以显德三年(956 年)召见陈抟于朝。"以四方未服,思欲牢笼英杰,且以抟曾践场屋,不得志而隐,必有奇才远略,于是召至阙下"。由此可见，柴荣召见陈抟的目的，一是希望留陈抟在身边做"帝王师"，二是考察提防陈抟。

出人意料的是，陈抟以"睡"应对，月余方起，并进《对御歌》一首："臣爱睡，臣爱睡，不卧毡，不盖被。片石枕头，蓑衣覆地，南北任眠，东西随睡。轰雷掣电泰山摧，万丈海水空里坠，骊龙叫喊鬼神惊，臣当恁时正鼾睡。闲想张良，闷思范蠡，说甚曹操，休言刘备，两三个君子，只争些小闲气。争似臣，向清风岭头，白云堆里，展放眉头，解开肚皮，打一觉睡，更管甚，红轮西坠。"随后柴荣问以黄白术。陈抟虽是内丹术的代表人物之一，但他知道"器貌英奇"、拥有统一天下壮志的柴荣不适合内丹修炼，因此委婉地表示："陛下为四海之主，当以致治为念，奈何留意黄白之事乎？"

有传说柴荣还请陈抟预测他本人和后周的运势。对这个难以应答的问题，陈抟依然从容应对，写下了十六字隐语："好块木头，茂盛无赛。若要长久，添重宝盖。"这段话词意虽好，而实际上却暗藏玄机。柴荣两个字都含木，茂盛无比——寓意是他奋发有为；但后周江山若要长久，则需在木字上加个宝盖——暗喻后来绵延三百多年的大宋王朝。可惜的是，柴荣当时未能领悟玄机，还以为是吉言。当然，这种预测运势一事只是后人附会神化陈抟的传说。

柴荣为留住陈抟，封他为左拾遗，陈抟固辞不受，呈诗一首表明心迹："草泽吾皇诏，图南抟姓陈。三峰千载客，四海一闲人。世态从来薄，诗情自得真。乞全麋鹿性，何处不称臣。"后来，又呈诗一首："南辰北斗夜频移，日出扶桑又落西。人世轻飘真野马，名场争扰似醯鸡。松篁郁郁冬犹秀，桃李纷纷春渐迷。识破邯郸尘世梦，白云深处可幽栖。"至此，柴荣深知此事勉强不得，遂赐号白云先生，放他归山，并诏"本州长吏岁时存问"。显德五年（958年），成州刺史朱宪陛辞朝赴任,柴荣让他带"帛五十四、茶三十斤"赐给陈抟。据说为纪念周世宗的厚待,陈抟曾写过一首《归隐》:"十年踪迹走红尘,回首青山入梦频。紫陌纵荣争及睡,朱门虽贵不如贫。愁闻剑戟扶危主,闷见笙歌聒醉人。携取旧书归旧隐,野花啼鸟一般春。"也有说此诗写自宋太宗召见之后。

在这之后召见陈抟的两位皇帝,是宋太祖赵匡胤和宋太宗赵光义。据说陈抟很早就认识赵氏兄弟,并且已经看出赵氏兄弟有"帝王气象"。民间至今仍广为流传"两个天子一担挑""长安会二主""双日现真龙""一文钱难倒英雄汉""弈棋赢华山"等传说,还有"征伐河东""建储之议"等陈抟为赵宋王朝出谋划策的种种故事。这些说法虽真伪不一,但也可以说明陈抟与宋太祖、宋太宗关系密切,陈抟对赵匡胤兄弟完成天下统一大任寄托了期望,所以陈抟后来听说"艺祖登极",大笑坠驴曰:"天下于是定矣。"(《邵氏闻见录》)关于这些传说有不少记载,可以从多部古书探寻他们的交往故事。比如《湘山野录》载:"祖、宗居潜日,与赵韩王游长安市。时陈抟乘一卫遇之,下驴大笑,巾簪几坠。左手握太祖,右手挽太宗:'可相从市饮乎?'祖、宗曰:'与赵学究三人并游,可当同之。'陈睥睨韩王甚久,徐曰:'也得,也得,非渠不得预此席。'既入酒舍,韩王足疲,偶坐席左,陈怒曰:'紫微帝垣一小星,辄据上次,不可!'斥之使居席右。"又如丁传靖辑《宋人轶事汇编》中有《古谣谚》:"初兵纷时,太祖之母挑太祖、太宗以篮以避乱。陈抟遇之即吟曰:'莫道当今无天子,都将天子上担挑。'"

赵匡胤登基后,其与陈抟交往的材料不多,有说赵匡胤"黄袍加身"后建立大宋,实行崇文抑武的国策是出于陈抟的谋划。《画墁录》载:"太祖深鉴唐末、五代藩镇跋扈,即位尽收诸镇之兵,列为畿甸,节镇唯置州事,以时更代。至今百四十年,四方无吠犬之警,可谓不世之功矣。或云陈希夷之策。"不管这种国策是否确系"陈希夷之策",但从史实来看,宋太祖确实重视道教,太祖时期不仅召见名道高士加以封赐,还实行了许多有利于道教发展的措施,为北宋崇道之方略打下了根基。

陈抟与宋太宗赵光义交往的材料较多,但不少史料所载时间不一,传奇色彩浓重,梳理下来,大体可以认为太宗曾三次召见陈抟。

第一次召见在太平兴国初。《宋史·陈抟传》中称陈抟太平兴国中来朝,是较为笼统的记述。宋太祖去世(976年),太宗即位,料理完丧事已是年底,太宗不逾年而改元,所以第一次征辟陈抟,并非在太平兴国元年(976年),而在太平兴国二年(977年)。这时的陈抟已是功德圆满的百岁老人了。据张辂《太华希夷志》载,太宗第一次下诏时,特地亲自作了诗《诏华山处士陈抟》:"华岳多闻说,知君是姓陈,云间三岛客,物外一闲人;丹鼎为活计,青山作近邻,朕思亲欲往,社稷去无因。"宋人王辟之《渑水燕谈录》中载:"太平兴国初,召阙,太宗赐御诗云:'曾向前朝出白云,后来消息杳无闻。如今若肯随征召,总把三峰乞与君。'"看到太宗这么恳切地一再召见,陈抟至阙。不过他"熟寐月余方起",然后"服华阳巾,草履垂绦,以宾礼见于延英殿,太宗延问甚久"。《邵氏闻见录》记载了这件事:"帝初问以伐河东之事,不答,后师出果无功。还华山数年,再召见,谓帝曰:'河东之事今可矣。'遂克太原。"

第二次召见是太平兴国四年(979年),"陈抟复来朝,始云'河东可取',王师再举,果克太原,太宗益加礼重"。征伐河东是宋太宗时代的一项重大军事行动,共有两次。第一次是在太平兴国初,行动以失败告终;第二次是在太平兴国四年(979年),攻克太原。这里说是第一次召见时太宗问征伐河东能否成功,陈抟知道不能成功,但因为这时朝廷已经举兵,所以陈抟"不答"。等太平兴国四年又被召见时,他就告诉太宗现在可以征伐了,"河东可取"。不过这件事有待考证,有的学者认为979年这次召见并不真正存在，只不过是后人为演绎神化陈抟而杜撰的。

宋太宗又向他求教治国良策，陈抟写下"远近轻重"四字相赠。张辂《太华希夷志》载："帝恳求济世安民之术，先生不免，索纸笔书之四字：远近轻重。帝不谕其意，先生解之曰：'远者远招贤士，近者近去佞臣，轻者轻赋万民，重者重赏三军。'帝听罢，大悦。""远近轻重"四字，凝练而高深，体现了陈抟深明世理的经邦治国之才。

宋太宗想留陈抟在身边，意欲封陈抟谏议大夫，但陈抟"固辞乞归山"。《渑水燕谈录》载："久之，辞归。进诗一首以见志：'草泽吾皇诏，图南抟姓陈。三峰千载客，四海一闲人。世态从来薄，诗情自得真。乞全麋鹿性，何处不称臣。'"太宗知道挽留无望，便赐宴送行，"诏宰臣两禁赴宴为诗"为陈抟饯行，并赐"龟鹤鞍马束帛"，又"诏华阴刺史王祚时就存问"。

据《宋史·陈抟传》记载，宋太宗第三次召见陈抟在太平兴国九年（984年），此时的陈抟已是仙风道骨的100多岁的老人了。宋太宗对宰相宋琪等说："抟独善其身，不干势利，所谓方外之士也。抟居华山已四十余年，度其年近百岁。"并让宋琪等近臣设法讨教。宋琪等奉命问陈抟曰："先生得玄默修养之道，可以教人乎？"陈抟知儒道异途，谨守道门戒律，不愿以方术干政，同时也希望他们同心协力，专心治国安民，于是回答道："抟山野之人，于时无用，亦不知神仙黄白之事、吐纳养生之理，非有方术可传。假令白日冲天，亦何益于世？今圣上龙颜秀异，有天人之表，博达古今，深究治乱，真有道仁圣之主也。正君臣协心同德，兴化致治之秋，勤行修炼，无出于此。"陈抟的回答游刃有余、颇为得体，宋琪等"称善"，太宗听后"益重之"，曰"与之语甚可听"，并于十月甲申日下诏曰："华山陈抟养素丘樊，韬光岩穴，戴应顺风之清，是增少微之耀，慕我王化，来仪旁延，不有嘉名，何彰贞范，可赐号'希夷先生'，仍赐紫衣一袭。"《宋史·太宗本纪》亦载，"雍熙元年(984年)十月甲申，赐华山隐士陈抟希夷先生"，同时，令有司增葺华山云台观。

陈抟在京期间，太宗"屡与之属和诗什"，并亲自垂询："若昔尧舜之为天下，今可至否？"陈抟云："土阶三尺，茅茨不剪，其迹似不可及，然能以清静为治，即今之尧舜也！"太宗"善其对"，"多延入宫中与语"，话题多与道术佛法相关。"自契崆峒之间，八素九真之要诀，四觉七缘之妙门。故其造膝沃心之旨，多得而闻也"。太宗还试图借助陈抟的相人术，解决他心头一个十分重要又难以定夺的问题——"建储"。《东轩笔录》称："太宗以元良未立，虽意在真宗，尚欲遍知诸子，遂命陈抟历抵王宫，以相诸王。抟回奏曰：'寿王真他日天下主也。臣始至寿邸，见二人坐于门，问其姓氏，则曰张旻、杨崇勋，皆王左右之使令者。然臣观二人，他日皆至将相，即其主可知矣。'"陈抟的看法正合太宗心意，"建储之议遂定"。"后真宗即位，先生已化，因西祀汾阴，幸云台观，谒其祠，加礼焉。帝知建储之有助也。"

以后太宗又曾遣使至华山云台观看望陈抟，馈赠礼品，并敦请赴朝。陈抟一辞再辞，并上表铭谢，不再至阙。《全宋文》第一册收有陈抟所作《谢手诏并赐茶药表》："丁宁温诏，尽一札之细书，曲轸宸恩，赐万金之良药。仰佩圣慈，俯躬增感。臣明时闲客，唐室书生，尧道昌而优容许由，汉世盛而任从善存四皓。嘉遁之士，何代无之？再念臣性同猿鹤，心若土灰，不晓仁义之浅深，安识礼义之去就？败荷作服，脱箨为冠，体有青毛，足无草履。苟临轩陛，贻笑圣明，愿违天听，得隐此山。圣世优贤，不让前古，数行紫诏徒烦彩凤衔来，一片闲心，却被白云留住。渴饮溪头之水，饱吟松下之风，咏嘲风月之清，笑傲云霞之表，遂性所乐，得意何言？精神超于物外，肌体浮乎云烟。虽潜至道之根，第尽陶成之域。臣敢仰期睿眷,俯顺愚衷。谨此以闻。"并作诗《答使者辞不赴召》曰:"九重特降紫泥宣,才拙深居乐静缘。山色满庭供画幛,松声万壑即琴弦。无心享禄登台鼎,有意求仙到洞门。轩冕浮云绝尘念,三峰只乞睡千年。"

陈抟的济世方略中,除了"远近轻重"的治国方针,还有一则关于防火的民生经验——"慎火停水"。据宋叶梦得《石林燕语》:"陈希夷将终,密封一缄,付其北子,使候其死上之。既死,北子如其言入献。真宗发视,无他言,但有'慎火停水'四字而已。"这里说的真宗应为太宗,因为陈抟卒于太宗端拱二年(989年),8年以后太宗才去世。不过在太宗时,对"慎火停水"的真正意义"无人是解者","以为道家养生之言"或"意在国事"。到真宗大中祥符年间(1008—1016年),"禁中诸处都有大火",真宗才感悟到陈抟有"先告之验",于是诏令军营"尤所当戒",命人把"慎火停水"四字张贴在军营所有的门上。

3.关注民生 济世救人

陈抟一生中一直都对民生问题十分关切,希望造福于民。除了向帝王建言利民的治国方略,他还曾亲自带领乡民兴修水利,传授百姓酿酒养生之术。

据说有一年亳州大旱,陈抟为此焦心不已,规划了一条可以将北边商丘地界的蓄水引下来的人工渠,帮助解决了农田灌溉问题,缓解了旱情。当地人感恩于他,将这条人工渠取名"陈治沟"。

酿酒养生方面,据《亳州志》记载,陈抟创制并教授乡民酿造当地名酒——"希夷酒"和"希夷药酒",甘甜浓香,能够祛风驱寒,延年益寿,流传至今。"希夷酒"取材于当地的红黏谷,用涡河水蒸馏而成。"希夷药酒"中则加入10余味当地的中药材加以酿制,有较高的药用价值,深受百姓欢迎。

第二章　陈抟学术思想及价值

第一节　思想渊源

作为我国的本土宗教,道教在唐末五代发生了重大变革。这时的儒释道三教融合不断加深,道教的外丹术走向衰落,内丹术日益发达。到了宋朝,达到了三教并举乃至鼎立的局面。最高统治者从维护其封建王朝统治的目的也对此给予支持和运用,如南宋孝宗皇帝赵昚公开宣称"以佛治心,以道治身,以儒治世"。

在此承上启下之时,涌现出了许多杰出的道教人物,陈抟就是其中最有才华的代表之一。不同于那些纯粹遁隐修仙的道士或"学而优则仕"的儒生,陈抟"淹通三教",在儒学、老学、易学、内丹学等方面均造诣高深。从学术大旨来说,陈抟以儒学为底色,继承了唐代的重玄学,以心性论为缘起,极力融合三教,致力于道教理论、方术方面的研究和建设。他早年追随儒学典籍,归隐山林后,仍兼收佛法、儒学之所长。儒家底色、佛法启迪以及对解"易"的执着,一直都凝聚在这位思想巨匠的头脑中。他一生著作等身,多以儒入道,儒道互训。正是这种积极顺应时代思想的主潮流、极具包容性的开放态度以及"于羲皇心地中驰骋"的创新变革精神,使他最终取得学术突破,创造性地运用"注重图说、讲求心法"的直接思维方式,把道家的天道观、道教修炼方术和儒家修养、佛教禅理进行有机融合,形成独树一帜的道教思想,对宋元道教的兴起、理学的开端产生了广泛而深刻的影响。

一、济世儒学为根本

陈抟资赋秀异,自幼学习儒家学说,年方十五便精通《诗经》《尚书》《礼记》等经典。其前半生的生命历程都沉浸在儒学之中,一直到高年还坚持科举,期望有朝一日能展平生所学,救万民于水火。虽然终是举进士不第,但其几十年所积累的儒学根底深厚卓绝,奠定了其一生的学术思想根基。在其后的学术生涯中他援儒入道,逐渐贯通儒释道三家学说。

陈抟求仕数十年,传统儒家修齐治平的人生理想伴随了他的一生,后虽隐遁修道,但乱世民众不堪苦难的残酷现实,不断震撼着他的仁和之心。他一直忧国忧民、厌战思治,凸显了他"亦儒亦道"的特征。从陈抟归隐期间与几位帝王及大臣的对答中可见出他对政治、对国事的关心。后周世宗柴荣曾问陈抟修道炼药之事,他回答世宗,陛下是天下之主,当尽力于治平,为什么留心于这些事情呢?"不乐其言。"元脱脱等《宋史·陈抟传》记载:"周世宗好黄白术,有以抟名闻者,显德三年命华州送至阙下,留止禁中月余,从容问其术。抟对曰:'陛下为四海之主,当以政治为念,奈何留意黄白之事乎?'"《资治通鉴》云:"陛下为天子,以治天下为务,安用此为?"元朝赵道一的《历世真仙体道通鉴》也载:"陛下为四海之主,夫何留意于小道耶?"高卧华山时,宋太宗三请陈抟入朝,宰相宋琪请教:"先生得玄默修养之道,可以授人乎?"陈抟答:"抟山野之人,于时无用,亦不知神仙黄白之事、吐纳养生之理,非有方术可传。假令白日冲天,亦何益于世？今圣上龙颜秀异,有天人之表,博达古今,深究治乱,真有道仁圣之主也。正君臣协心同德,兴化致治之秋,勤行修炼,无出于此。"(元脱脱等《宋史·陈抟传》)

陈抟一直崇尚儒家建功立业的人生理想,主张做事不可错过时机,正如《孟子》所言"虽有智慧,不如乘势。虽有镃基,不如待时"。

在人身修养方面,陈抟践行儒家典范,以自身言行自由出入儒道之间。陈抟吸收了孔孟的慎独等思想,在待人接物时,尽显《中庸》中"故君子慎其独也"之"慎独"精神、《论语》中"夫子温良恭俭让"的"恭敬"之情态。《全宋文》收录陈抟的《自赞铭》有云:"一念之善,则天地神祇祥风和气皆在于此。一念之恶,则祅星厉鬼凶荒札瘥皆在于此。是以君子慎其独。"与一般的道家人士的主静的修养不同,陈抟主张动中养静的方法,他的养静不是为了"致虚守静",而是为了"见平日操存",俨然一位儒生风范。这种主张影响了后世理学大儒程颐的"主敬"修养之说。

当代学者卿希泰在《中国道教思想史纲》一书总结道:"他不仅向太祖献策,集中兵权,而且向太宗陈论治国方略,以至议征伐、立王储等军国大事莫不尽其心力。在宋初制定这些大政方针中起了不可忽视的作用,对当时政局稳定发挥了有益的影响。从政治思想看,陈抟在五代、北宋初期,厌战思治,反映了人民的愿望。他提出统治者'当以致治为念',不宜留意神仙黄白之事……他主张'君臣同心协力,兴化致治',以清静治国的思想,符合休养生息、发展生产的客观要求;他促使军权集中,国家统一,社会安定的言论,也顺应了历史进程的需要。作为栖身玄门的道士,陈抟这些政治观点和倾向,既是时代的产物,也自有其时代的意义。"

这些都表明了他的思想基础是济世儒学,他一生都从未失经国治世的儒士底色。

二、兼收佛家观心法

从佛、道各自的深层义理根基来看，二者存在着会通的可能性——佛教以不立文字、见性成佛为终极，它所建立的直指人心、自发自悟、不假外求的明心见性之学，与道教追求自我超越的内丹旨趣十分契合。所以东汉佛教东渐以来，佛道双方便相互融合互鉴。佛教理论在中国的顺利传播很大程度上依赖老庄之学，如魏晋慧远援引庄子之说以释佛典，使佛学与老庄紧密结合，导致禅宗直袭老庄。道教也从佛教那里吸收挪用了不少概念。比如玄想方面，道教便参合了一些佛教的思想与仪式。魏晋以来，道家在吸收佛学中观学派思想和般若性空思想的基础上，注疏道家、道教经典，形成了一个特殊学派——重玄学派，并在隋唐之际开始兴盛，其遣玄学本体论的有无双执而臻于重玄之境的再造，实现了道教哲学由本体论到心性论的突破和转变。重玄学的建立和发展即是援佛入道、佛道不二的结晶。重玄学者在佛教禅学的影响下，将"心无"作为主体的最高境界，进而在修道方式上，强调在心上用功夫。比如唐朝重玄学者王玄览，受佛教心性论的影响，认为宇宙万物都是心识的结果，"十方所有物，皆是一识知"，认为"空""有"两种知见都是心生心灭所成。魏晋玄学创始人之一王弼"以无为本"，崇本息末，将老子之道本体化，使道教义理得到系统发展和提升。如他注《老子》"反者道之动"章云："天下之物，皆以有为生。有之所始，以无为本。"

陈抟的恩师麻衣道者本身即半僧半道，精通佛法。他的著作《正易心法》中渗透着佛家学说。他教诲弟子说："是以人之善恶，皆本于性田种子。能理合自己种子，则入道自捷。故《大楞伽经》以分别自性为第一禅宗。我向年入道，并未曾究心于升降水火之法，不过持定《心印经》'存无守有'四字。"陈抟的著作《指玄篇》中专门谈到麻衣道者对他的这一影响："四大一身皆属阴，不知何物是阳精。有缘得遇明师指，得道神仙在只今。"陈抟《正易心法注》运用佛教"种子""空"等重要概念，并赋以新的意义："以是知人间万事，悉是假合阴阳一气，但有虚幻，无有定实也。"并将易理禅法与老学玄旨用以指导内丹修炼。

陈抟内丹学理论名作《观空篇》，是其现存的融合佛道的重要著作："夫观心者，非空空视心也。心统性情，又兼意识。性如海水，情如流，意如澜，识如波。三种既具有水性，而其动甚微，非深察不能分别……是以人之善恶，皆本于性田种子。能理合自己种子，则入道自捷。故《大楞伽经》以分别自性为第一禅宗。"佛教认为，心为万法之主，无一事漏于心者，故观察心，即观察一切，佛教诸宗皆以观心为其要法。《同指要钞·上》说："一代教门，皆以观心为要。"陈抟运用佛家理论来阐述内修学说，大量吸收了"即心即佛""明心见性"的佛性禅理。陈抟认为"动者静为基，有者无为本"，只要观"顽空""性空""法空""真空""不空"这五空，便可达到虚且无；强调通过心性的炼养达到虚无境界，明确提出"存无守有""冥心太无""冥心凝神"及"静而生阴""《易》者，戒动之书"等主静去欲、明心见性的生命超越理论。《观空篇》充分彰显了他对佛家心法的汲取，佛禅意味浓厚，同时对盛行于唐代的重玄道在研究继承的基础上创新发展。

当代学者李远国《论宋代重玄学的三大特征——以陈抟、陈景元为中心》一文指出："有宋一代，道家重玄之学直承隋唐重玄之遗风，而由华山陈抟肇其源，碧虚子陈景元扬其波……皆依陈抟心法，广微博采儒、释之说，入道解《老》，使得宋代重玄学面貌焕然一新。"近现代学者蒙文通《校理老子成玄英疏叙录》一文对陈抟学派与唐代重玄学的关系也有过精辟论述:"其若学本于唐而训释《老子》者,若刘海蟾一系,次张伯端,次石泰,次薛道光,次陈楠,次白玉蟾,作《道德经宝章》,授彭耜,作《道德经集注》,此亦渊源甚久,师承有自者也。至陈抟有弟子张无梦,号鸿蒙子,次有陈景元,号碧虚子,作《道德经藏室纂微》,以著其师说。次有薛致玄,作《藏室纂微开题科文疏》五卷及《手钞》二卷,祖述陈氏。此皆唐代道家余绪而显于宋者。""唐代道家余绪"指的正是重玄之学。

因此,陈抟以心性论为缘起,引佛入道,吸收禅宗思想来解说内丹修炼学说,择取佛教五空概念来解释内丹修炼的五种境界,自创心说,妙论"五空之秘",充实了其思想体系。

三、皈依道家集大成

经过隋唐,道教义理已经得到很大发展,在与儒、佛二教的交叉融合中,道教以《老子》《庄子》和其他道教经典为依据,充分吸收儒家正心诚意和佛教止观、禅定等思想,使道教哲学体系更趋严密。

到了唐末五代的乱世,整个社会都有着浓厚的道教氛围,许多仁人志士纷纷避世隐居,追求玄静修道,炼养内心。他们致力于道教理论、方术等方面的研究和建设,形成了一个道教学术圈,非常有利于道教体系的发展。如陈抟云游时结交的孙君仿、獐皮处士、何昌一、麻衣道者、钟离权、吕洞宾、苏澄隐、毛女、李八百、白鹿先生、谭峭等人,都是潜心学问、身怀绝学的隐士高人。他们在广阔的山水间经常聚会,唱酬吟诗或切磋探讨,研究《道德经》《南华经》及《黄庭经》等经义,务求宇宙之秘,弘扬道祖道义,"相与谈《易》与老庄,直七日不辍"。在相互切磋与思想碰撞中,陈抟集群仙道业之精粹,学术源流呈现出兼收并采的扩充与通融态势,逐渐贯通儒释道,开源导流宋明理学、心学。

从现存文献可知,这其中对陈抟的思想发展带来重大影响的有何昌一、麻衣道者、吕洞宾等师友。其中何昌一传授他"锁鼻术",对他练成著名的睡功很重要;麻衣道者使陈抟"得易学秘旨",形成了先天易学,奠定了其内丹修炼理论的宇宙本体论基础;吕洞宾传授陈抟《无极图》,最终让陈抟形成和完善了他的内丹修炼理论……

综上,陈抟的学术起源与发展在于儒释道的融合发展。他以传统的道家为核心,吸收儒家的易学观念与佛教的禅定学说,重阐老庄奥义,务穷易道之秘,融贯三家学说,建立了一个完整的思想体系。

陈抟最主要的学术思想可分为三大板块:一是易学思想;二是内丹学说;三是老学思想。下文将分别介绍。

第二节　陈抟易学思想

陈抟留给后世最重要的学术成就之一,集中在对《易》的研究上,其易学新体系名为"先天易学"。

一、易学渊源及流变

自古以来,一直流传"伏羲画八卦,文王演周易",伏羲、文王等先人仰观天文、俯察地理、近取诸身、远取诸物,通过观察、总结生产生活中的经验和技巧,形成了八卦、周易等系统的哲学思想。据许地山《道教史》研究,《易》是中国思想与宗教的源头,是儒、道两家共同的典籍。儒道思想可以说是整个中国思想的一体两面,各自注重不同的方面:儒家注重实际生活、社会伦理;而道家则重玄想,探求宇宙奥秘、人之生死。相传,《易》共有三种版本:《连山》《归藏》《周易》,现仅存《周易》,前两种失传。《易》的八卦出于《河图》《洛书》(《河图》《洛书》是河洛两岸的初民所遗留的对于事迹与信仰的记载)。有学者认为道家思想主要出自殷朝时所用的《归藏》,儒家思想本于周人的《周易》,但孔子所作《周易》的《系辞传》吸收引申了不少《归藏》的意思。由于历代学者对于《易》的不同理解和用法,易学发展就有了象数与义理两大派别,在北宋首先流行起来的是推崇河图洛书的象数派。

陈抟受《易》于麻衣道者所传的伏羲《易》,属于象数易学。《宋史·陈抟传》记载"抟好读《易》,手不释卷"。他受《周易》经传、《易纬》的影响,由儒而道,以道家思想为核心来研究易学,创先天易学,自成一家。其《正易心法注》除了对儒学自身的发掘,更涵摄了老学与佛学的思想与范畴,主张融合儒释道三家以治易、治心、治天下,在象数领域进一步开拓了易学的视野。

二、主要突破:"先天易学"

陈抟易学新体系名为"先天易学"。在诸多高道中,陈抟是"淹通三教"的佼佼者。他既精通儒家经典及诸子百家之学、道家《老子》《庄子》等重要典籍,亦精通佛家心法。陈抟立足道家的宇宙生成论,总结隋唐五代道教学者的研究成果,运用佛家"唯心是法"的观念,开创了以《先天太极图》《易龙图》《无极图》为主体的"先天易学"。

麻衣道者《正易心法》中第一章即言:"羲皇易道,包括万象,须知落处,方有实用。"陈抟也明确指出:"学《易》者,当于羲皇心地中驰骋,无于周孔语言下拘挛。"他认为传统的周孔易学为儒学一家之言,缺少关于宇宙本体、生命本质、生死本相这些形而上追问的探讨及应答,已不能适应社会发展的需要。

　　"先天""后天"之词首见于《易传》,《乾·文言传》:"先天而天弗违,后天而奉天时。"此先天易学,传为伏羲氏之《易》。炼丹家将"先天"引申为生来固有,"后天"引申为人为的修炼。陈抟在丹道的炼养之中,是先天重于后天,故世称"先天道派"。陈抟曾告诉弟子种放:"先天者,道之体;后天者,道之用。天地万物未生未形前为先天,天地万物已生已形后为后天。为学致用,贵乎立本,本者,先天也,本立而道生,道生而德备,德备而万物治矣。"陈抟再传弟子,对《易经》极有研究的邵雍也说过:"先天之学,心也,后天之学,迹也。出入有无死生者,道也。"也就是说,先天之学才是心法,道之本体,而后天之学则是道之用。后人称陈抟所传之易学为"先天易学"。

　　"先天易学"兼容易、老,以《老子》《庄子》为指导思想,以《易龙图序》《太极阴阳说》《正易心法注》为理论基础,以《先天图》为中心模式,用六十四卦象阐述"天地人"三元一统的整体关系,系统地构筑起宇宙生成及道教内丹修炼理论体系。宋代象数学者所企求的"画前之《易》""易之本义",正是陈抟先天象数易学思想的最高境界。天人相通说是中国传统儒道文化核心概念之一,不过其儒道方向不一,而陈抟的先天易学有机摄入了儒家的天人相通思想,这也就是近现代学者蒙文通所言"希夷之卓绝渊微"之学的体现之一。

　　陈抟象数之学将先天和后天结合,背后带有一种寻根求源的精神,表现在易学史上,就成了寻求周孔之前、伏羲未画之前的神圣时代——一种太极未分、超越吉凶祸福的混沌神话世界,即那个先天未画前、中空又混沌的"○"。这个"○",也是陈抟象数学的第一义。陈抟这种对《易经》之本义和"易""一"观念的创造性诠释,正是儒家性命学、道教内丹心性论及佛家明心见性说共同追求的意旨。

三、创新解易:"图书象数"

以图式解《易》,是陈抟研究方法的最大特色。陈抟的易学著作时常借助图式来说明易理,以图书象数的方式直观形象地表达天地万物化生的过程。他所提出的易学图式有三类,分别为《先天太极图》《易龙图》《无极图》。陈抟的著述中体现"图书象数"易学思想的还有《正易心法注》。他被称为"图书学派"的创始人,跟随他的引领,北宋时期的学者也都纷纷借用图式来说明易理的方式。

陈抟认为,古代易学思想缺少文字解说,"止有一图",唯《先天方圆图》。明杨升庵《全集》卷四十一《希夷易图》引陈抟语云:"易学,意言象数四者,不可网一。其理具见于圣人之经,不烦文字解说,止有一图,谓《先天方圆图》也,以寓阴阳消长之说,与卦之'生变图',亦非创意所作,孔子《系辞》述之明矣。"邵伯温《经世辨惑》说:"希夷易学,不烦文字解说,止有图以寓阴阳之数与卦之生变。"另外,陈抟这种图式解易形式的形成,与道家用图式说明炼丹过程的传统也有继承关系。唐代已有用《周易》的卦象说明炼丹术的做法,至五代彭晓注《周易参同契》,则有《明镜图》《水火匡郭图》《三五至精图》等解释《周易》原理、说明炼丹过程的图式。陈抟继承利用了这种图式做法,以讲阴阳奇偶之数和乾坤坎离等卦爻象,把阴阳、八卦及天地万物的生成用"图书象数"方式予以建构、演绎、运用,形成了系统性的宇宙生成理论。这种理论与他的《先天太极图》《易龙图》《无极图》蕴含的先天哲学思想一脉相承,从而融合成为独具特色的"图书象数"易学思想。

1.《先天太极图》

《先天太极图》(又称《天地自然之图》,简称《太极图》或《先天图》),是陈抟创制的著名易学图式之一,是由先天八卦与《阴阳鱼太极图》组合而成,所以后世亦有俗称《阴阳双鱼太极图》,是我国道教的重

古太极图

要标志,流传甚广。

《先天太极图》内涵丰富,寓意深远。环中为太极,黑白两条鱼形环抱之状,象征阴阳二气氤氲交和。太极非"有"非"无",亦"有"亦"无"。说其"有"在于太极能阴阳相合化育万物,不是完全的"虚无";说其"无"在于太极不是指任何一种具体的事物,而是一种混沌状态,不是具体的"有"。老子曰"无名,万物之始;有名,万物之母",有无本为相对之说。《先天太极图》环中白为阳,黑为阴,阴盛于北而阳始生,阳盛于南而阴始生。阴阳二气此长彼消、渐进有序,产生四象、八卦,从而四时成,万物生,巧妙地说明了《周易·系辞》所言:"易有太极,是生两仪,两仪生四象,四象生八卦,八卦定吉凶,吉凶生大业。"总之,《先天太极图》首创以图书象数的方式直观形象地表达了天地万物化生的过程。

《先天太极图》阴阳二仪衍化中显露四时、四方阴阳变化的自然规律,所提出的关于阴阳动静等观念及包含的辩证法思想,对后人有很大影响,不仅可取代过去易图的某些功能,还能表达宋元哲学关于宇宙图象的新思维,在对于这些观念的不断阐发和辩论中推动了后世易学哲学的大发展。比如,后来邵雍受《先天太极图》启发,画《伏羲八卦方位图》,成为他整个先天易学基本图式之一,在思想史上影响极大。因此,周敦颐曾赞陈抟:"始见丹诀信希夷,盖得阴阳造化机。"

《先天太极图》不仅是以图说明《易传》的太极、两仪、四象、八卦,也是在大道无中生体用,是为丹道炼养服务的,其利用《阴阳鱼太极图》与"乾坤坎离"牝母四卦来表示炼丹过程中的阴阳消长,可视为修丹之秘图,这又与在内丹修炼中十分重要的《无极图》有着密切的关联。人体是一个小宇宙也是一个小太极,若画出太极之子午线,就可见到五个交点,这五个交点由下向上分别是精、气、神、虚、道。点到点中间套用到《无极图》之修炼过程,即是"炼精化气""炼气化神""炼神还虚""炼虚合道",终至"复归无极"。

《玉诠》卷五《陈真人》中陈抟对太极曾论述云:"两仪即太极也,太极即无极也。两仪未判,鸿蒙未开,上而日月未光,下而山川未奠,一气交融,万气全具,故名太极,即吾身未生以前之面目。二仪者,人身呼吸之气也;鸿蒙者,人身无想之会也;日月者,人身知觉之始也;山川者,人身运动之体也。故四者之用,运之则分为四象,静之则总归太极。故修玄无别法,只须冥心太无,体认生身受命之处,而培养之、扶植之、保护之而已。故曰归根、曰复命,要不出冥心凝神四字。所以必欲冥心凝神者,盖观法于天地而自得也。太上曰:'飘风不终朝,骤雨不终夕。'孰为此者,天地。天地尚不能久,而况于人乎!所以,日月运久而昏荒,山川奠久而崩竭,人物历久而衰败,气化传久而舛错,总不如守一太极之可久也。此事本极平淡、极简易,而世人往往不能者,总坏于一点尘机,即是太极中一点动性。动而生阳,静而生阴,生阴之静,非真静也,是动中舒缓处耳,亦动也。是以生生不息,变化万殊,万殊既成,吉凶出焉。圣人作《易》,所以指吉凶、推变化。要之,必以守真为主。故《易》者,戒动之书也。子等从此入门,庶不失高真妙旨。"在这段论述中,陈抟不仅说明太极即无极之理,而且进一步阐释了要达到无极之境界无他,"只须冥心太无,体认生身受命之处,而培养之、扶植之、保护之而已"。

南宋朱熹则认为,《先天太极图》的出现就是为了直观描绘魏伯阳融大易、黄老与炉鼎于一体的《周易参同契》。《先天太极图》承袭《周易参同契》,以乾坤为人身之象,乾为首,坤为腹;离坎为东西,坎离为水火之说,以喻身中之药物,因此,《先天太极图》是用来表示炼丹过程的。

宋太宗雍熙二年(985年)的石碑上发现陈抟所撰之《京兆府广慈禅院新修瑞象记》中的"龙马辟行于上下,乌兔分照于东西",实际上就是先天八卦之卦位的隐语,证明了此图与陈抟的关系。

在朱熹的《周易本义》中,记载陈抟的《先天太极图》共有四个图,即《伏羲八卦次序图》《伏羲八卦方位图》《伏羲六十四卦次序图》《伏羲六十四卦方位图》。朱熹认为该图从陈抟手中传给穆修,穆修传给李之才,李之才传给邵雍。陈抟先天四图以图书形式简单直观地呈现了天地万物纷繁复杂的演化,极具开创性。而这时的陈抟不会料到,先天图在历史长河中的奇妙旅程才刚刚开始,到了清康熙年间,德国耶稣会传教士鲍威特来华传教,发现《周易本义》卷首有《先天太极图》,随之把它们寄给德国著名数学家莱布尼茨。莱布尼茨把《先天太极图》的六十四卦符号由下而上破译成由左而右的阿拉伯数码,发现六十四卦符号的排列正是自左至右横写的0—63的二进制数字,由此于1679年提出了二进制算术。

太极为阴阳,阳为1,阴为0,根据二进制,逢二进一,如下:

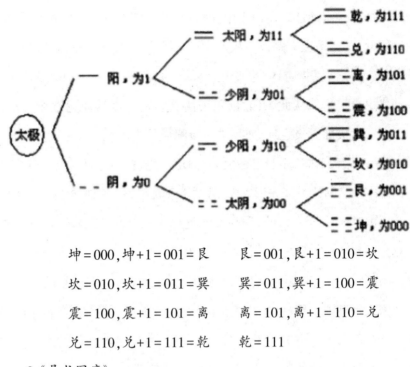

$$坤=000,坤+1=001=艮 \qquad 艮=001,艮+1=010=坎$$

$$坎=010,坎+1=011=巽 \qquad 巽=011,巽+1=100=震$$

$$震=100,震+1=101=离 \qquad 离=101,离+1=110=兑$$

$$兑=110,兑+1=111=乾 \qquad 乾=111$$

2.《易龙图序》

由于陈抟一生的著述大部分散佚,从文献的记载和目前的研究来看,收入《宋文鉴》中的《易龙图序》是唯一可确定由陈抟创作并流传下来的易学方面著述。宋代以前,人们只知道有《河图》《洛书》,却并不知道它们的样子,更没有解读它们的著作。陈抟不仅公布了河洛图式,还发展出河洛真数的理论,为后人留下了宝贵的财富。

《易龙图序》中所体现的《易龙图》原存《宋史·艺文志》中,《河图》《洛书》是陈抟《易龙图》中之两种。《易龙图》已失传,现今只能通过分析《易龙图序》来部分还原该图的本来面目。

《易龙图序》总体来说可以分为四个部分:第一部分为创图的一个总体说明;第二部分介绍了未合之龙图的概要;第三部分介绍了已合之龙图的概要;第四部分是结语。《易龙图序》第一部分153字,接近全文334字中的一半篇幅,讲的是《易龙图》创作的历史渊源、本人创图的可行性和科学性解释。原文如下：

　　且夫龙马始负图，出于羲皇之代，在太古之先也。今存已合之序尚疑之，况更陈其未合之数耶！然则何以知之？答曰：于仲尼三陈九卦之义，探其旨，所以知之也。况夫天之垂象，的如贯珠，少有差，则不成其次序矣。故自一至于盈万，皆累累然，如系之于缕也。且若龙图便合，则圣人不得见其象，所以天意先未合而形其象，圣人观象而明其用。是龙图者，天散而示之，伏羲合而用之，仲尼默而形之。

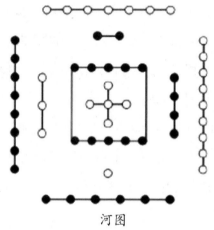

河图

　　从这段话可以看出，龙图象数，是一连串有次序的排列组合，是天意对圣人的启示。"已合之序"是当时"今存"的，陈抟的创作点在于"陈其未合之数"的"易龙图"。而且陈抟认为该图是天散而示之，不是他自己在创图，是在太古之先的伏羲时代就已由龙马负图而出，他只是根据孔子"三陈九卦"之义来重新复原该图，并由现存的已合之图推演出未合之图，形成系统性、逻辑性的《易龙图》。"三陈九卦"是指孔子从道德修养的角度对履、谦、复、恒、损、益、困、井、巽九卦进行的三次陈述，而陈抟能从孔子"三陈九卦"来推断未合之图，说明该图寓意与道德密切相关，为后世研究《易龙图》提供了新的思考路径。

《易龙图序》提出了龙图三变说,即一变为天地未合之数,二变为天地已合之位,三变为龙马负图之形。天地之数即《系辞传》所讲的"天地之数五十有五",龙图三变即是对《系辞传》有关天地之数一章的解释。序中第二部分所言"始龙图之未合也,惟五十五数",与宋明流传的《河图》《洛书》之《河图》相似。

3.《无极图》

《无极图》之名取自《老子》"复归于无极"一语之义,其含义为在道教炼养过程中逆施造化,则可长生不死。

《无极图》是对《上方大洞真元妙经图》内丹原理的归纳总结和发展,主要包括两部分:一是"从无到有,复归于无"的宇宙演化大道背后的"反者,道之动"规律;二是具体的内修方法,即"炼精化气""炼气化神""炼神还虚"的内丹三大步骤。

在《无极图》中,炼丹的最高阶段是"炼神还虚""复归无极",而其理论基石则是"主静说",它取义于《老子》"致虚极,守静笃""归根曰静,是谓复命"等内容,并用《无极图》最上一"○"来表示无极而趋向先天无极的路径。

据传,陈抟曾在华山石壁上刻有《无极图》,遗憾现在已不可寻。对于陈抟的《无极图》,清黄宗羲在其《太极图辩》中有详细文字记载:"其图自下而上,以明逆则成丹之法,其重在水火。火性炎上,逆之使下,则火不熛烈,惟温养而和燠;水性润下,逆之使上,则水不卑湿,惟滋养而光泽。滋养之至,接续而不已;温养之至,坚固而不败。其最下圈,名为玄牝之门,玄牝即谷神。牝者窍也,谷者虚也,指人身命门两肾空隙之处,气之所由以生,是为祖气。凡人体五官百骸之运用知觉,皆根于此。于是提其祖气上升,为稍上一圈,名为炼精化气,炼气化神。炼有形之精,化为微芒之气;炼依依呼吸之气,化为出有入无之神,使贯彻于五脏六腑,而为中层之左木、火,右金,水,中土相联络之一圈,名为五气朝元,行之而得也,则水火交媾而为孕。又其上之中分黑白、两相间杂之一圈,名为取坎填离,乃成圣胎。又使复还于无始,而为最上之一圈,名为炼神还虚,复归无极,而功用至矣。盖始于得窍,次于炼己,次于和合,次于得药,终于脱胎求仙,真长生之秘诀。"根据上述记载,后人复原其图,如下:

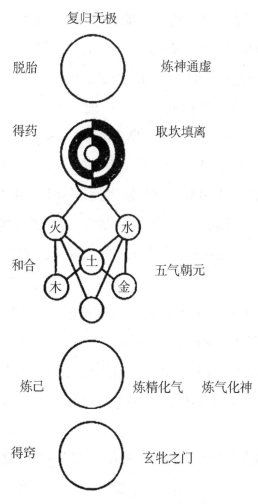

清朝黄宗羲《宋元学案》中的《无极图》

陈抟《无极图》在其思想体系建构中的意义在于,利用易学宇宙生成理论推导出道教修真原理,也就是旨在为返归于道提出一个理论依据及方法论。于是,易、道、无极和太极等范畴在宇宙本原的意义上统一起来,儒学、道家在陈抟的易学新体系的宇宙生成论上实现了有机融通。

4.《正易心法注》

陈抟的著述中体现"图书象数"易学思想的还有《正易心法注》。《正易心法》是一部以儒释道三教理论阐述易学的著作,共有四十二章,出自陈抟的师友麻衣道者,陈抟后为之注释,形成《正易心法注》。

《正易心法注》中"落处,谓知卦画实义所在,不盲诵古人语也"。"羲皇始画八卦,重为六十四,不立文字,使天下之人观其象而已。能如象焉,则吉凶应;违其象,则吉凶反。此羲皇氏作不言之教也""上古卦画明,《易》道行。后世卦画不明,《易》道不传。圣人于是不得已而有辞。学者浅识,一著其辞,便谓《易》止于是,而周、孔遂自孤行。更不知有卦画微旨,只作八字说"等观点,认为六十四卦所体现的《易》道见于天地万物日用之间,但此《易》道并不是周、孔等贤人所著之辞,而是六十四卦本身所具备的"卦画微旨"。后人在上古"卦画微旨"的《易》道失传后,误认为周、孔之卦辞、爻辞所蕴含的意思即为《易》道,却不知卦画本身所体现的才是真正的《易》道。这种以卦画为本的观点可以说颠倒了上千年以来对《易》的理解,极具辩证性,是一个路径方法上的重大变革,充分表明了陈抟是一个敢于向权威和传统挑战的真理斗士。

陈抟对《正易心法》第七章"天地万物,理有未明。观于卦脉,理则昭然"的注释:"卦脉,为运动流行自然之理也。卦脉审,则天地万物之理得矣。如观坎画,则知月为地之气;观离画,则知雨从地出。观叠交,则知日为天之气;观艮画,则知山自天来;观兑画,则知雨从地出。观叠交,则知闰余之数;观交体,则知造化之原。凡此卦画,皆所以写天地万物之理于目前,亦若浑仪之器也。"对第九章"乾坤错杂,乃生六子。六子则是,乾坤破体"的注释:"乾三画奇,纯阳也。一阴杂于下,是为巽;杂于中,是为离;杂于上,是为兑。巽、离、兑皆破乾之纯阳也。坤画偶,纯阴也。一阳杂于下,是为震;杂于中,是为坎;杂于上,是为艮。震、坎、艮皆破坤之纯阴也。若更以人身求之,理自昭然。"这生动地体现了他这种以卦画为本的《易》道理解模式。清朝胡谓在《易图明辨》中引用南宋学者张栻的观点赞叹:"呜呼! 此真麻衣道者之书也。……希夷隐君,实传其学。"

《正易心法注》的突破性,还体现在陈抟对佛门心法的借鉴与通融,以"活法"心悟易道,将阴阳、五行、八卦相互贯通,表征天地阴阳变化和万象枯荣。通过无中生有的宇宙演化模式,结合佛家缘起性空的生灭无常的变化观念,《正易心法注》意在超越后天生理结构与心理模式的局限与束缚,神证先天之终极本源和宇宙法则,这奠定和提高了宋明理学的思想基础和思维水平。

四、先天易学思想的影响

陈抟先天易学思想对两宋易学的发展、理学的崛起、内丹的盛行、哲学整体观念的发扬等方面,都起到了开源和推动作用,在中华历史文化殿堂上树起了一面鲜明的旗帜。清黄宗羲在《周易寻门余论》中说:"宋之易学无不鼻祖于陈图南,亦犹汉之易学无不鼻祖于田子庄何也。"

陈抟一方面继承了《易传》本义,将早期吉凶卜筮中的象、数,转化为一种揭示天地阴阳、万事万物之呈现和次序的宇宙论功能,同时,由于其道教内丹家的立场,而将此象数运用限定在两仪已生之后的天地层次。但他对天地世界的象数演绎展示仍预设了太极的观念在背后，即隐没在两仪、四象、八卦等象数之后的太极环中，而这也是陈抟开启的宋代象数之学与汉代象数学以及商巫、周巫象数学的根本不同之处。其呈现的超越象数之外的"先天""环中""无极而太极"之学，正是影响宋代图书易学的根本精神所在，陈抟象数易学对有宋以来学术思想的影响也正因此才更显重要。

陈抟象数之学的传授，在宋朝朱震《汉上易传》中有详细的记载："陈抟以先天图传种放，放传穆修，穆修传李之才，之才传邵雍。放以河图、洛书传李溉，溉传许坚，许坚传范谔昌，谔昌传刘牧。穆修以太极图传周敦颐，敦颐传程颢、程颐。是时，张载讲学于'二程'、邵雍之间。故雍著皇极经世书，牧陈天地五十有五之数，敦颐作通书，程颐著易传，载造太和、参两篇。"程颢《邵康节先生墓志铭》述邵雍学术渊源："独先生之学为有传也：先生得之于李挺之。挺之得之于穆修伯长。推其源流，远有端绪。"又"陈抟好读易，以数学授穆修伯长，修授之才挺之，之才授康节先生"。可见，邵雍、刘牧、周敦颐的思想虽独立发展，学术观点亦不相同，但其学术根基都来自陈抟，所以，陈抟的学术思想对宋代易学及宋明理学都起着重要的奠基作用。

1.邵雍对陈抟易学思想中先天之学的阐发

《先天太极图》的授受序列如下：麻衣道者→陈抟→种放→穆修→李之才→邵雍。对《易经》极有研究的邵雍（1011—1077年），著有《皇极经世》和《击集》，开拓了象数学的领域。邵雍一方面继承陈抟宇宙生成的象数演绎思想，另一方面从中阐发先天环中思想，把陈抟《先天太极图》和儒家孔孟哲学的"万物皆备于吾"的主观唯心主义融合在一起，构成他的主观唯心主义思想体系和解释宇宙生成变化的《先天图》式，即他的先天学。他认为唯有"太极"，即先于天地的"心"才是永恒不变的绝对真理。他说："先天之学,心也,后天之学,迹也。出入有无死生者,道也。"

他创立了较为完整的先天象数学,用"象""数"解释宇宙万物的生成变化,以"元、会、运、世"为计时单位,推算历史之治乱兴衰。在《皇极经世》中,他通过一个庞大的象数体系的演绎,建立了影响宋明理学的宇宙观、历史观及人生哲学体系。更为人称道的是,此书至今仍是物理学、天文学、生态学、环境学的重要工具书。

正如黄宗羲《论天根月窟》所说:"康节因《先天图》而创为天根月窟,即《周易参同契》乾坤门户牝牡之论也……其以阳生为天根,阴生为月窟,无不同也。盖康节之意,所谓天根者,性也;所谓月窟者,命也。性命双修,老氏之学也,其理为易所无,故其数与易无也。"邵雍《观物吟》诗曰:"耳目聪明男子身,洪钧赋与不为贫。因探月窟方知物,未蹑天根岂识人?乾遇巽时观月窟,地逢雷处见天根。天根月窟闲来往,三十六宫都是春。"

这种从陈抟《先天图》演化而成的神秘主义思想,使邵雍成为中国思想史上儒家主观唯心主义的重要代表人物之一,并影响到以后的陆九渊等学者。

2.刘牧对陈抟《易龙图》象数学的发挥

刘牧(1011—1064 年),号长民,著有《新注周易》《易解》《易数钩隐图》《周易先儒遗论九事》等书。刘牧受业于种放三传弟子范谔昌。"陈抟以先天图传种放",因此,刘牧也继承了陈抟的先天之学,与邵雍的"先天之学"异派而同源,是北宋图书派易学的主要代表人物。《四库总目提要》说:"汉儒言《易》,多主象数,至宋而象数之中复歧出图书一派。牧在邵子之前,其首创者也。"

基于陈抟所传《易龙图》,刘牧作《易数钩隐图》,增至 55 图,加上

《遗论九事》中9图,共计64图。

刘牧易学思想在于发挥陈抟《易龙图》,构建"象由数设"的唯数易学。刘牧围绕《系辞》阐述其太极学说,对陈抟《易龙图》进一步发展,将五行与八卦紧密结合,称五行生成图为《洛书》,九宫图为《河图》,提出了"网九洛十"说。其治《易》以讲《河图》《洛书》而闻名,他推出的河洛图式,主张象由数设,先有数而后有象。他说:"天地之极数五十有五之谓也。遂定天地之象者,天地之数既设,则象从而定也。"在象和数的关系上,将数置于首位。

刘牧将《河图》《洛书》视为世界形成和变化的模式,推演出"太极—两仪—四象—八卦—万物"的宇宙生成图式,将象数易数学推向了一个新的发展阶段。刘牧这种以数(太极)为万象之本的思想,在宋易哲学史上影响颇大,纠正了易学发展中长期存在的忽视象数、义理多浮华的问题,对宋明理学本体论的建立有启迪作用。

3.周敦颐对《无极图》的儒学化改造

周敦颐(1017—1073年),字茂叔,著有《通书》《太极图说》,发明太极之蕴。朱震、胡宏、黄宗羲等大批学者认为,周敦颐上承陈抟易学,其《太极图》就受过陈抟《先天太极图》的启迪,而以图解《易》也源于陈抟。如黄宗羲的《太极图辨》述周敦颐《太极图》得于道教,其渊源是《周易参同契》中《水火匡廓图》《三五至精图》《上方大洞真元妙品经》及陈抟所传《无极图》,颠倒取舍而为《太极图》,并作《太极图说》。"周子《太极图》,创自河上公,乃方士修炼之术也,实与老、庄之长生久视,又属旁门。老、庄以虚无为宗,无事为用。方士逆以成丹,多有造作,去致虚静笃远矣。周子更为《太极图说》,穷其本而反于老、庄,可谓拾瓦砾而得精蕴。""盖方士之诀,在逆而成丹,故从下而上。周子之意,以顺而生人,故从上而下。"

周敦颐的《太极图说》曰："无极而太极。太极动而生阳,动极而静;静而生阴,静极复动。一动一静,互为其根。分阴分阳,两仪立焉。阳变阴合,而生水、火、金、木、土。五气顺布,四时行焉。五行,一阴阳也;阴阳,一太极也;太极,本无极也。五行之生也,各一其性。无极之真,二五之精,妙合而凝。乾道成男,坤道成女。二气交感,化生万物。万物生生而变化无穷焉,惟人也得其秀而最灵。形既生矣,神发知矣,五性感动而善恶分,万事出矣。"这是把"无极而太极"作为宇宙演进的根源性路径,类似于《老子》的"道生一,一生二,二生三,三生万物"的演进路径。但周氏把"仁义"作为"人极"纳入了这个演进路径中,就为"仁"的自然化、哲理化提供了依据。周敦颐在此把"无极"看成是超物质、超时空而存在的精神本体,即虚无的绝对观念,并由此引出了儒家的"仁"的观念,人类"纯粹至善"的本性,就是"无极"本体的代称,即至善至美的太极之理,也即一种儒家先验的道德标准,所谓"五常之本,百行之源也"。他认为人在万物中最灵,故人能接受太极之理和五行之性,"圣人"可以模仿"太极"、建立"人极",通过"主静"和"无欲"达到"中正仁义"的至诚至善。

周敦颐依托陈抟的《无极图》,改造成为发明理学秘奥的《太极图》,提出了一个简单而有系统的宇宙构成论。他提出的太极、理、气、性、命等,建构了理学的基本范畴,因而周敦颐成为理学的创始人之一。他的学说下传程颐、程颢。蒙文通先生曾言:"及读碧虚(陈景元)之注,而后知伊洛(即北宋'二程'所创立的理学学派)所论者,碧虚书殆已有之。其异其同,颇可见学术蜕变演进之迹。其有道家言而宋儒,未尽抉去,翻为理学之累者,亦可得而论。皆足见'二程'之学,于碧虚渊源之相关。依是以上探希夷之说,其端绪固若可寻,而象数、图书者,将其余事也。"可见,周敦颐、"二程"理学深受陈抟学术思想的影响。

第三节　陈抟内丹学思想

陈抟不只为内丹修炼建构了一套理论,更将炼丹过程中的阴阳消长寓于图象,使之承载更多意涵。陈抟的内丹理论集中反映在《无极图》《指玄篇》《阴真君还丹歌注》《观空篇》《胎息诀》等著作以及"二十四节气坐功图"等内丹养生实践之中,并通过其后学张无梦、张伯端等得到阐发和系统化。

一、内丹学渊源及流变

中国道教的文化宗旨就是不断对人类生命哲学进行探索和实践。道教中因追求长生久视等目标而创造的修炼方术主要分为外丹术、内丹术。外丹术萌芽于春秋战国,成于秦汉,鼎盛于隋唐。由于外丹术炼制的所谓长生不老药常含铅、汞等有害元素,不但不能延年益寿,反而毒害身体,逐渐被淘汰。唐末以来,黄白之术逐渐向以静功、存思、气法为主要表现形式的内丹路径发展,道士钟离权、吕洞宾为内丹道教先导,其学说"以丹道参照天道"为内丹学说的成熟完善作出了很大贡献。

五代时内丹炼养方法已成为道术的主流,两宋是内丹道的成熟阶段,而陈抟的道教内丹思想和实践在其中起了关键作用。

内丹术与外丹术的区别在于内丹术的"内",它效仿天地之道,以人的"精、气、神"为药引,人的身体相关部位为鼎炉,经过一定程序修炼后而在体内形成金丹,从后天返回先天状态,达到无死无生、无始无终的混沌本原状态,从而长生久视。

内丹学说的起源相传为黄帝所作的《阴符经》和老子的《道德经》，比如"道生一，一生二，二生三，三生万物""反者，道之动"等，这些都为内丹学说提供了理论和思想基础。张伯端《悟真篇》曰："《阴符》宝字逾三百，《道德》灵文止五千。今古上仙无限数，尽从此处达真诠。"道为内丹本原，《道德经》中对道进行了描述："有物混成，先天地生，寂兮寥兮，独立而不改，周行而不殆，可以为天下母。"老子"清净无为"主张以静养神，所提出的诸如"守中""专气致柔""涤除玄鉴""虚心""致虚极，守静笃""归根复命""玄牝""长生久视"等概念和方法，成为内丹道重要的思想渊源。

庄子也是道教内丹学独特的思想来源。庄子强调道的绝对本体性。《庄子》论述的"真人""至人"境界，成为内丹家最终超越生命主体的理论源泉。

另外，神仙方术对形、神、气关系的研究日益理论化，也为内丹学提供了思想和实践来源。《黄帝内经·素问》："上古之人，其知道者，法于阴阳，和于道数，食饮有节，起居有常，不妄作劳。故能形与神俱，而尽终其天年，度百岁乃去。"《淮南子》则以形、气、神为生命三大要素，将养气与养神结合在一起，强调"养气处神"，形成了形、气、神三位一体的生命整体观，对东汉以后的内丹精气神理论也很有影响。

提及历史上内丹学说著述，首先是东汉魏伯阳的《周易参同契》，全书6000余字，涉及内外丹，被称为"万古丹经王"；另一部内丹学著述为陈抟后学张伯端的《悟真篇》。以上二书均与陈抟有一定关系，前为陈抟内丹学的渊源之一，后则受陈抟内丹学思想的影响甚多。

陈抟的内丹学理论以老庄思想为基础，继承了自《周易参同契》以来的道教传统。陈抟根据《老子》"归根复命"和"反者，道之动"的哲学原理，用《无极图》对道教内丹修炼原理和过程进行演绎，形成所谓

"炼精化气,合三为二;炼气化神,合二为一;炼神还虚,一归无极"的逆炼返本的系统。在炼养方法论方面,大量地吸收了佛禅旨趣,明确提出"存无守有""冥心太无""冥心凝神"及"静而生阴""《易》者,戒动之书"等主静去欲、明心见性的生命超越理论。陈抟《无极图》及其内丹论述和炼养实践,所表现的超越生命主体,建立无极精神本体的道教内丹生命哲学理论,相对于传统道教追求肉体成仙的炼养方术,在理论层面上是更加精致的,在实践层面上是更为可行的。

陈抟的内丹学不仅顺应了道教教理由外向内的历史转折,而且体现出三教合流的时代特色,这在当时的学术界是继往开来、独树一帜的。《太华希夷志》云:"先生之道,窈乎其深而不可穷,恍惚其变而不可测,固将乘云气,骑日月,以游乎四海之外,岂与眩奇怪、尚诡谲、以欺世取誉者同年而语哉?"在道教发展史上,陈抟是道教外丹法转化为内丹法中的重要人物。陈抟的内丹之学摆脱了道教中装神占卜的藩篱,成为一种修身养性的功夫。并且,陈抟进一步把它与日常生活结合在一起,形成一种无所系挂、洒脱恣意的生活方式,更是对个体精神风貌、生活态度的指导与倡议,对宋人影响深远。

二、核心理论:"性命双修"

"性命"是中国文化史上的重要概念,儒释道对此有各自不同的解释。《性命圭旨》云:"故三教圣人,以性命学开方便门。孔氏之教,教人顺性命以还造化,其道公。禅宗之教,教人幻性命以超大觉,其义高。老氏之教,教人修性命而得长生,其旨切。"

道教通过对自然天道的观察,总结其运行规律,然后将内外丹的理论运用在个体身上,突破生命限制,追求肉体成仙成圣,达到与天地并生、与万物为一的超脱自由境界。陈抟在这样一个宗教背景下,承前启后、继往开来,把禅宗和道教传统相结合,总结发挥出"性命双修"的内丹思想,为后人探究生命智慧和实践修道养生指明了方向,奠定了扎实的理论基础。正如黄宗羲《论天根月窟》所说:"康节因《先天图》而创为天根月窟,即《周易参同契》乾坤门户牝牡之论也……其以阳生为天根,阴生为月窟,无不同也。盖康节之意,所谓天根者,性也;所谓月窟者,命也。性命双修,老氏之学也,其理为易所无,故其数与易无也。"邵雍《观物吟》诗曰:"耳目聪明男子身,洪钧赋与不为贫。因探月窟方知物,未蹑天根岂识人?乾遇巽时观月窟,地逢雷处见天根。天根月窟闲来往,三十六宫都是春。"

"性命双修",即对精神、意志、品质等进行一系列特殊的修炼。陈抟的"性命双修"既从顺序上讲求从命到性,又从侧重点上讲求先性后命。所谓"性"指心性,或曰"神",修性即是修心,这与佛教禅宗所说的"明心见性"大略相同;所谓"命"指人体生命活动的原动力,即"精、气",修命即固精养气,这是道教独擅之术。陈抟非常注重心性的炼养,讲究性修,强调从后天返回先天的关键一步为心性的炼养,并指出精神上的作用是决定性的。他认为修玄无别法,只需"冥心凝神""冥心太无""存无守有",进行心性的炼养,体认生身受命之处而培养之、扶植之、保护之而已。

陈抟是通过其所传《无极图》来阐述"性命双修"的具体步骤的。在陈抟的影响下,至金元全真教,则将性功与命功分离开来,形成两套修炼系统,一套采用禅宗方法,一套采用传统丹法。前者专以心性为修炼对象,后者则以人体精气为修炼对象,形成了禅道结合的"性命双修"体系。

三、具体修炼步骤

上一节已对陈抟所传《无极图》作了简要介绍,该图主要是对内丹理论的总结,同时也能展现陈抟内修方法,也就是对内丹修炼的方式和过程作了具象性的说明。明末清初学者黄宗炎在《图书辨惑》中也说,此图也是讲方士修炼之术、明"逆则成丹之法"的。

原本按照道家和易的宇宙演化规律,顺序是无中生有,无极而太极,太极生两仪,从先天演变为后天;但是在《无极图》中却正相反,陈抟发明了"逆则成丹"的修炼方式。

所谓"逆则成丹",是取《周易·说卦》中"易逆数也"之义,其源头在于——修炼修行时遵守的是逆天改命的指导思想。"逆则成丹"的观念依托于《老子》"谷神不死,是谓玄牝;玄牝之门,是谓天地根""夫物芸芸,各复归其根""常德不忒,复归于无极"等思想。

心火与肾水交济,是《无极图》的核心内容之一。关于"水火",古代中医理论认为,人体五脏与五行相配。心在上焦,属火;肾在下焦,属水。心中之阳下降至肾,则温养肾阴;肾中之阴上升至心,则滋补心阳。在正常情况下,心火和肾水是相互升降协调,彼此交通,以维持人体生理动态的平衡,这就叫作"心肾相交,水火既济"。《无极图》与之相关的理论由两部分构成:一是修性,一是修命。其中所阐述的性命双修的具体步骤如下:

《无极图》自下面逆行而上,有五个层次,开始于"得窍",了结于"脱胎"。《无极图》完整地阐述了内丹修炼的全部过程——得窍、炼己、和合、得药、脱胎。依次是玄牝之门即为得窍,炼精化气、炼气化神即为炼己,五气朝元即为和合,取坎填离即为得药,炼神还虚、复归无极即为脱胎求仙。得窍为基础,此阶段就是筑基期,打好修行的基础,使精气神不会泄露,正如明朝伍冲虚所言"及基筑成,精则固也,气则还矣,永为坚固不坏之基,而长生不死"。

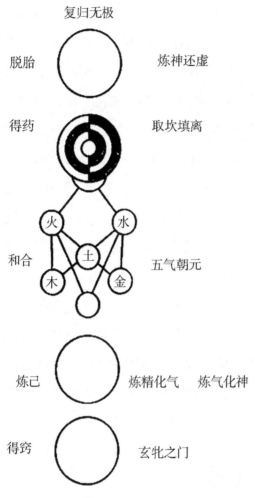

复归无极

脱胎　　　　　　　　炼神还虚

得药　　　　　　　　取坎填离

火　水

和合　　　土　　　五气朝元

木　金

炼己　　　炼精化气　炼气化神

得窍　　　　玄牝之门

清朝黄宗羲《宋元学案》中的《无极图》

　　详细来说,首先,从修命开始,即识"玄牝之门"守一得窍,这是从下而上第一圈所示。在这里,陈抟把"玄牝"作为人体生命的根源,置于内丹修炼的首要地位。炼己是指如何集中意念,使形神安静,因此又称为修心、炼性。炼己偏重性功,这与佛家禅功相似。炼己分为两个步骤,首先是"炼精化气",有形之精是无法沿着任督二脉进行小周天运转的,需要把其化为无形之气;第二个步骤即为"炼气化神",使气最终归为神,以中丹田为鼎,下丹田为炉,进入大周天修炼,使元神发育成长。和合就是引动元神灌溉五脏六腑,内炼五脏,根据古代中医理论,五脏心、肝、肺、脾、肾分别对应火、木、金、土、水五行。得药就是内炼五脏后产生了真气,在心肾间交流互动,心为离,肾为坎,取离中之阴与坎中之阳,在丹田阴阳相合,是为"取坎填离",结成"圣胎"。脱胎求仙是《无极图》的最高境界,从后天返回了先天,一切复归虚空,复归本原,从而实现了一个生命的循环,到了终点,又是新的起点。

另外,陈抟所著《玉诠》有云:"人无论贤愚,质不分高下,俱可复全元始,洞见本来。所以然者,童相未漓,一真浩然。玄牝一穴,妙气回旋,三品光中,潜符太极,先天而生,后天而存,存存涵养,贯古彻今。"这其中的观点也与我国医学理论极其相符。

总之,陈抟系统地发展总结出内丹修炼的全过程——"炼精化气""炼气化神""炼神还虚""复归无极",其克制身心、培养精气神、探索生命本源的修炼模式和理论,为后世内丹家和养生者所沿用。较之中国古代其他养生方法,陈抟的性命双修炼养体系,为中国养生学提供了颇有价值的实践方法。

四、炼养实践:睡功、坐功

除了提出"性命双修"的主张,陈抟在内丹学方面还开展了不少具有开创性的炼养实践。其中的"睡功""坐功",是其将运动与主静理念结合而运用至养生的健身实践与理论总结,时至今日,虽跨越千年,对于当下的养生学仍有独具特色的启示及价值。

1.睡功

精通医学与易理的陈抟,在其内丹学思想下,发展出了睡功。他认为睡亦有道,提出"至人之睡"的概念。元赵道一《历世真仙体道通鉴》

卷四十七《陈抟传》中记述了"至人之睡"与一般"世俗之睡"的不同："（至人之睡）有道。凡人之睡也，先睡目，后睡心；吾之睡也，先睡心，后睡目。凡人之醒也，先醒心，后醒目；吾之醒也，先醒目，后醒心。心醒因见心乃见世；心睡不见世，并不见心。吾尽付之无心也。睡无心，醒亦无心。"其中，对于如何做到"无心"，陈抟解释道："凡人于梦处醒，故醒不醒；吾心于醒处梦，故梦不梦。对境莫任心，对心莫任境。如是已矣，焉知其他。"并以诗云："常人无所重，惟睡乃为重。举世此为息，魂离神不动。觉来无所知，知来心愈用。堪笑尘世中，不知梦是梦。""至人本无梦，其梦乃游仙。真人亦无睡，睡则浮云烟，炉里长存药，壶中别有天。欲知睡梦里，人间第一玄。"

陈抟的睡功顺从阴阳消长的生理过程，以调身、调息、调心为功法基本要素，以五行相生的顺序编排功法动作，以睡练功，以功促睡，练功、睡觉两不误，同时注重睡心，强调精神、心理的修炼，从而维持人体的阴阳平衡和身体健康。这种通过安卧静养、凝神聚气、炼神还虚、炼虚合道的内丹修炼法，既是一种对身体内部修炼与修养的功法，更是一种提升生命质量的修炼途径。

对于初次接触"睡功"二字的人来说，似乎感觉这是并不费劲的一门功夫，然而，实际上陈抟睡功对习练者的要求甚高，能传其术者凤毛麟角。元赵道一《历世真仙体道通鉴》卷四十七《陈抟传》说："《道德经》曰：'众人昭昭我独昏昏，众人察察我独闷闷'，岂非陈抟睡之义乎？"托名菩提达摩《洗髓经》记载有《陈希夷华山十二睡法总诀》："夫学道修真之士，若习睡功玄诀者，于日间及夜静无事之时，或一阳来之候，端身正坐，叩齿三十六通，逐一唤集身中诸神，然后松宽衣带而侧卧之。诀在闭兑，目半垂帘、赤龙头抵上腭，并膝收一足，十指如钩，阴阳归窍，是外日月交光也。然后一手招剑诀掩生门，一手掐剑诀，曲肱枕之,以眼对鼻,牝对生门,合齿,开天门,闭地户,心目内视,坎离会合,是内日月交精也。功法如鹿之运督,雀之养胎,龟之喘息。夫人之昼夜有一万三千息,行八万四千里气,是应天地造化,悉在玄关橐籥。使思虑神归于元神,内药也。内为体,外为用。体则合精于内,用则法光于外。使内外达成一片,方是入道功夫。行到此际,六贼自然消灭,五行自然攒簇,火候自然升降,酝就真液,浇养灵根。故曰:玄牝通一口,睡之饮春酒。朝暮谨行持,真阳永不走。凡睡之功毕,起时揩摩心地,次揩两眼,则身心舒畅。”

值得庆幸的是,大约是因历代对于陈抟“睡功”心存好奇与追慕的学者不在少数,除了古书中的文字描绘,现今还能寻找到不少关于“睡功”的十分形象的示意图。道教典籍《天仙道戒须知》载:“卧式亦有两法,一名希夷睡,一名环阳睡。”明代高濂《遵生八笺》中,记载陈抟“睡功图”两幅:

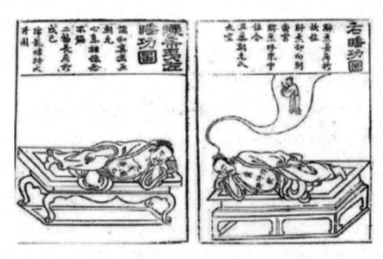

明代高濂《遵生八笺》中的陈希夷左、右睡功图

《宋史·陈抟传》中记载陈抟“每寝处,多百余日不起”。陈抟的内丹学实践,使他成为“天下睡功第一人”,南宋陆游曾赋诗一首来描述

当时人们对陈抟睡功及其境界的赞叹与崇拜之情:"苦爱幽窗午梦长,此中与世暂相忘。华山处士如容见,不觅仙方觅睡方。"

2.坐功

陈抟的另一种著名的内丹实践是坐功。相传陈抟精选、提炼并重构了前人的导引术势,创制了"二十四节气坐功导引法"(又叫"十二月坐功法")。这是一种以天地阴阳之理,用呼吸导引之术,配合二十四节气时间顺序,将节气、功法与中医五运六气学说紧密联系,调理经络气血的内丹炼养功夫。明代学者高濂在《遵生八笺》中收有《二十四气坐功导引治病图》,载为陈抟所创;近代《内外功图说辑要》中收录名为《陈希夷先生二十四节气导引治病图》,这些都提供了"二十四节气坐功导引法"为陈抟所创的依据。

陈抟坐功以五运六气、经络之说的中医理论为要旨,把静坐气功与"婆罗门导引十二法"(类似佛教健身术)中的"叩齿、吐纳、漱咽"三健身法宝相结合,包括按膝、捶背、伸展四肢、转身扭颈等导引动作,防治各种疾病。其中的"时配"理论独具见解,如将"少阴,心君火"配在"芒种""夏至"两个节气之间,从而与南方属火、午位属火的理论吻合。时间之于调摄的重要性,从高濂的"天下之事,未有外时以成者也。故圣人与四时,合其序"一语可知。而古代医学典籍《黄帝内经》也说:"智者之养生也,必顺四时而适寒暑,和喜怒而安居处,节阴阳而调刚柔。如是则僻邪不至,长生久视。"

《遵生八笺》中记载的二十四势,每势均以节气命名,首言运主何气与何脏相配,次述坐功方法,末载主治病症。如"立春正月节坐功图势":"运主厥阴初气,时配手少阳三焦相火。宜每日子丑时,叠手按髀,转身拗颈,左右耸引,各三五度,叩齿吐纳漱咽三次。治风气积滞,顶痛、耳后痛、肩臑痛、背痛、肘臂痛,诸痛悉治。"

陈抟坐功坐姿基本采用佛教传入的"结跏趺坐"姿势。高濂在其著作《遵生八笺》中完整地绘出了陈抟创造的"二十四节气坐功导引法",列出两幅如下:

陈抟孟春二气导引坐功图势

陈抟季春二气导引坐功图势

陈抟这种二十四节气坐功导引法是传统养生诸多功法中的重要一

支,反映了人类与自然规律相合的天人合一思想,是一项道教内养与中医药理论结合的成功实践,在医疗导引发展中具有承前启后的意义,对养生和健身也都有重大实践和理论意义。

五、陈抟内丹学的影响

陈抟是宋元道教内丹派的开启者,其功绩是辉煌的,影响是深远的。唐末宋初,内丹之学兴起,陈抟在其中便是最重要的推手。他顺应时代发展,融贯诸家学说,改外丹黄白术为内丹修炼之道,其内丹思想为道教内丹派的形成提供了理论依据。而后,无论南宗北宗,从刘海蟾、张无梦到张伯端、张三丰等,尽管他们的主张有各自的倾向性与特点,或先修命,或先修性,多有侧重,但其理论基础无不是在陈抟内丹学说上的承传与弘扬。

他的内丹实践也流传于世,在道教内丹修炼体系中发挥着重要作用。比如睡功,便引导了一系列的研学与发展:《吕祖全书》有陈抟的睡功诀、张三丰的睡丹诀、罗春浦的先天睡功、虚靖天师的睡功、陈自得大睡功、尹清和小体丹睡法、抱龙眠睡法、小搭桥卧功法、大搭桥卧功法……后世这些绽放异彩的各门功法,都是由陈抟睡功演变发展而成的。

1.张无梦:《还元篇》传陈抟丹法

关于张无梦(952—1050年),元朝赵道一《历世真仙体道通鉴》载其生平曰:"张无梦,字灵隐,号鸿蒙子,凤翔敷屋人也。身长六尺,风格俊爽。居常好清闲,穷《老》《易》。父为儒,肥遁不仕,有二子,无梦即其长也。笃孝闻于乡里,及冠,以资产委其弟,遂入华山,与种放、刘海蟾结方外友,事陈希夷先生,无梦多得微旨。久之,游天台,登赤城庐,于琼台观行赤松导引、安期还丹之法。仅十余载间,以修炼内事,形于歌咏,累成百首,题曰《还元篇》。"

从上可知,张无梦融合佛、道两家学说,沿袭陈抟的思想,作《还元篇》诗百首阐述陈抟丹法。如:"自家神气自家身,何必区区向外人。这个形骸俱是假,只因修炼得成真。流年迅速桃垂买,浩劫移看海化尘。寻取丹台天上路,恐君白首转因循。"

张无梦的思想后来又被其弟子、北宋道学家陈景元继承。杨仲庚在《道德真经藏室纂微篇·序》中说:"(陈景元)师事天台山鸿蒙子张无梦,得老氏心印,有《道德真经藏室纂微篇》盖撼诸家注释之精华,而参以师传之秘。"陈景元著作明白地以孔、老为一,具有陈抟思想的特征。

2.张伯端:《悟真篇》吸收陈抟"性命双修",创内丹心性学

张伯端(984—1082 年),字平叔,号紫阳,北宋时期著名高道、大养生家,南宗开山之祖,史载他在成都"遇刘海蟾,授以金液还丹之诀"。刘海蟾为陈抟弟子,故张伯端系陈抟学派嫡系。

张伯端创作的《悟真篇》是北宋时期影响力较大的内丹修炼著作。他运用诗词、仙歌韵语的形式来表达内丹修炼的功法,明确修炼的旨要。《正统道藏》评:"此《悟真篇》中所咏大丹药物、火候细微之旨无不悉备,倘好事者夙有仙骨,睹之则智虑自明……当有因书而会意者","可以寻文解义,岂须仆区区授之矣"。

从《悟真篇》可以看出,以张伯端为代表的道教思想家们在秉承钟吕丹法、陈抟学派"性命双修"原则的基础上主张性命兼修,在修命求于长生久视的同时亦要养炼心性。由此,北宋道教的发展实现了理论的转型,内丹心性理论建立了成熟体系,"性命兼修"的内丹心性学成为北宋道教理论与实践的主流。

对于如何修性修心这个命题,张伯端所采用的方法便与祖师陈抟一致——援禅入道。吸收佛教禅法,将禅宗以"明心见性"为宗旨、强

调个体自性清净的觉悟的修持观念与内丹术心性修养的法则相融合，彰显心性色彩。"欲体夫至道，莫若明乎本心。故心者道之体也，道者，心之用也。……人能察心观性，则圆明之体自现，无为之用自成，不假施功，顿超彼岸。""若要修成九转，先须炼己持心。"（《悟真篇》）张伯端通过参证佛教典籍尤其是禅宗的各种传灯录构建了其内丹学说中有关内丹道性功的学说部分，《悟真篇》"序"中说："又觉其中惟谈养命固形之术，而于本源真觉之性有所未究，遂玩佛书及传灯录，至于祖师有击竹而悟者，乃形于欢颂诗曲杂言三十二首，令附之卷末，庶几达本明性之道尽于此矣！"这种做法"为宋以后内丹道广泛地援禅入道开了先例。后世内丹道的南北二宗都不约而同地接纳佛教禅宗的修心功夫，以之作为内丹修持的性功"（张广保《唐宋内丹道教》）。

　　在张伯端内丹功法中，坚持以《阴符经》《道德经》为指导经典，遵循陈抟《无极图》所示的修炼原理与步骤，又依据佛门禅宗理论修习性功，力图超出三界，归于空寂之本源。在张伯端看来，成佛与跻道在终极修持的旨归上是统一的，在超越的境界中佛道不二，道禅归一。《悟真篇》"序"说："故老释以性命学开方便门，教人修种以逃生死。释氏以空寂为宗，若顿悟圆通，则直超彼岸。如有习漏未尽，则尚徇于有生。老氏以炼养为真，若得其要枢，则立跻圣位；如其未明本性，则犹滞于幻形。其次《周易》有穷理尽性至命之辞，《鲁语》有毋意、必、固、我之说，此又仲尼极臻乎性命之奥也。"元赵道一《历世真仙体道通鉴》卷四十九："性命本不相离，道释实无二致，彼释迦生于西土，亦得金丹之道，性命兼修，是为最上乘法，故号曰金仙。"

　　张伯端倡导的这些三教合一、道禅融合的内丹理念，与陈抟的《正易心法注》《观空篇》所言之思想如出一辙，可以看出陈抟学说对张伯端的深刻影响。张伯端曾赞美陈抟："梦谒西华到九天，真人授我《指玄篇》。其中简易无多语，只是教人炼汞铅。"

3.张三丰:《大道论》秉承图南学派，倡导三教归一

张三丰是明代吕洞宾之后最负盛名的活神仙，其极具"隐仙"风范的道派被称为"犹龙派"或"隐仙派"。明太祖、成祖多次欲召见，然"遍历荒徼，积数年不遇"(《明史》卷二九九《张三丰传》)。

《张三丰全集》对张三丰的道术渊源及学派特点说明道:"大道渊源，始于老子，一传尹文始，五传而至三丰先生。虽然，老子之所传，亦甚多矣，其间杰出者，尹文始、王少阳，支分派别，各有传人。今，特就文始言之，文始传麻衣，麻衣传希夷，希夷传火龙，火龙传三丰。或以为'隐仙派'者，文始隐关令、隐太白，麻衣隐石堂、隐黄山，希夷隐太华，火龙隐终南，先生隐武当，此隐派之说也。夫神仙无不能隐，而此派更为高隐。孔子曰:'老子其犹龙乎?'言其深隐莫测也，故又称'犹龙派'云。"

张三丰在其著作《蛰龙吟》中，曾清晰地自述道，自己的修炼方法传自陈抟:"五龙飞跃出深潭，天将此法传图南。图南一派俦能继，邋遢道人张丰仙。"张三丰《大道论》三篇，阐述"道妙""道""动静""无极而太极"等观念，便是对陈抟学派的《无极图》、修炼方法及"顺则生人、逆则成仙"思想的进一步融合总结，这些都表明其学术思想融合三教、秉承图南一派的特点。

张三丰倡导三教归一，调和儒家入世与道家出世之道，"由理尽性"，具有浓郁的理学底蕴。但张三丰是从道教内丹学的立场出发，认为三家之中，唯道教对性命之说最为晓畅。《大道论》云:"夫道者，无非穷理尽性以至于命而已矣，孔子隐诸言，仙家畅言之。"他认为道家对生命奥秘的探索，从生命之形成到探究性命先天之本原，相较于儒释两家而言，更为系统而清晰。

受陈抟《无极图》及其融合易老的内丹修炼理论影响,张三丰认为,道家修炼的目的在于归根、返真,精气神三全,反夺天真,明心见性,还虚合道。"自幼至老被天地任务盗去的天真,今于虚无中,尘色内,却要夺盗返还于我天性之中,方得元精、元气、元神之三全,至是乃心明理融,理融见性,身心大定,五行攒簇,才去行上等事而了大道。"张三丰认为大道不仅含有造化天地万物之阴阳,也包括了人身所含的乾坤阴阳,修炼内丹性命即是修炼自身阴阳。他指出:"一阴一阳之谓道,修道者修此阴阳之道也。一阴一阳,一性一命而已矣。"

张三丰丹道理论,基本属于北宗先性后命一路,尤其对"炼己"特别重视。《张三丰全集》可以说是内丹修炼说明书式的经典,对炼丹药物、火候、次第、证验的过程描述详细,重视"筑基炼己"。

在内丹实践上,张三丰继承发展了陈抟的"睡功",称之为"蛰龙术"。他在《蛰龙吟》中描述了他的睡功。这种睡功是以卧姿修炼内丹,其凝神守窍调息养性炼气,与陈抟睡法基本一致。他在《蛰龙吟》中称:"睡神仙,睡神仙,石根高卧忘其年,三光沉沦性自圆。气气归玄窍,息息任天然。莫散乱,须安恬,温养得采性儿圆,等待他铅花儿现。无走失,有防闲,真火候,运中间。行七返不艰难,炼九还何嗟叹,静观龙虎战场战,暗把阴阳颠倒颠。人言我是朦胧汉,我即眠兮眠未眠。学就了真卧禅,养成了真胎元。卧龙一起便升天,此蛰法是谁传?曲肱而枕自尼山,乐在其中无人谙。五龙飞跃出深潭,天将此法传图南。图南一派俦能继,邈遏道人张丰仙。"

第四节 陈抟老学思想

陈抟在道教学术史上是一个兴微继绝、继往开来的关键人物,其老学方面的思想对宋元道教乃至整个中国传统哲学都产生了深远的影响。五代之后,道教学术源流脉络往往要追溯到陈抟。

由于陈抟本人的著作大多亡佚,当下最直接的研究方法是以其弟子的老学思想反向探寻了解他的老学思想。据《道德真经集注·高道传》:"鸿蒙子张无梦,字清虚,穷老易,入华山,与刘海蟾、种放结方外友,事希夷先生,无梦多得微旨。"陈景元在《老子注·自序》中自述,陈抟老学通过张无梦深刻地影响了自己:"碧虚子陈君景元,师事天台山鸿蒙子张无梦,得老氏心印,有道德经藏室纂微篇,盖遮诸家之精华,有参以师传之秘。""依师授之旨,略纂昔贤之微。"这里"昔贤"即指陈抟。

一、易老相通 太极是一

陈抟本就对易学和老子思想都有深刻的把握,并且,通过一番对照研究,他发现易老相通,尤其是在宇宙生成模式上,二者的观点基本一致,都将天地人视为一个有机整体,重视天人合一,以及主张天地人具损盈益谦之道。如《周易·系辞》云:"一阴一阳谓之道。""形而上者谓之道,形而下者谓之器。""易有太极,是生两仪。两仪生四象,四象生八卦,八卦定吉凶。"《老子》云:"道生一,一生二,二生三,三生万物。"《乾坤》辞:"天地交而万物通也。""大哉乾元! 万物资始,乃统天。……至哉坤元,万物资生,乃顺承天。"《老子》云:"无名天地之始,有名万物之母。""天下万物生于有,有生于无。"《庄子》云:"天地皆万物之父母也。"《象传》云："泰……上下交而其志同也,内阳而外阴,内健而外顺。否……上下不交而天下无邦也。内阴而外阳,内柔而外刚。"《老子》云："万物负阴而抱阳,冲气以为和。"《庄子》云："静而与阴同德,动而与阳同波。"《管子》云："凡万物,阴阳两生而参视。"《象传》云："天地养万物,圣人养贤以及万民。""天道亏盈而益谦,地道变盈而流谦,鬼神害盈而福谦,人道恶盈而好谦。""阴阳合德……以通神明之德,以类万物之情。"《老子》云："天之道,其犹张弓与?高者抑之,下者举之;有余者损之,不足者补之。天之道,损有余而补不足。""故道大,天大,地大,人亦大。域中有四大,而人居其一焉。人法地,地法天,天法道,道法自然。"《庄子》云："通乎道,合乎德。""古之人其备乎配神明,醇天地,育万物,和天下,泽及百姓。""天地与我并生,万物与我为一。"《象传》云："终则有始也。""日中则厌,月盈则食,天地盈虚,与时消息,而况于人乎,况于鬼神乎?""损益盈虚,与时偕行。"《老子》云:"有物浑成,先天地生,寂兮寥兮,独立而不改,周行而不殆,可以为天下母。""反者道之动","慎终如始"。《庄子》云:"消息盈虚,终则有始;消息盈虚,一晦一明。"《系辞》云:"书不尽言,言不尽意……圣人之立象以尽意,设卦以尽情伪。""言行,君子之所以动天地者,可不慎乎。"《庄子》云:"世之所贵道者书也,书不过语,语有贵也。语之所贵者意也,意有所随,意之所随者,不可以言传也。""言者所以在意,得意而忘言。""可以言论者,物之粗也;可以意致者,物之精也。""道不可言,言而非也。"这些足以论证易、老二者对于天地生成、万物起源都具有自然主义哲学精神,都将道(易)视为天地万物的终极本原,万物生成、变化、发展的成因是阴阳交感,而且在物极必反的规律下而循环变化不止。

所以,陈抟总结隋唐五代以来的道教理论,从天道观和辩证法思想方面抓住易老的融通之处,将《易》经传的义理内容和卦爻象的数理排列通过《易》来表现天道的内容、规律,从而建立了图书象数学及内丹学说,填补了先秦以来道家对"道"无以对外人具体描述性状的这一空白。陈抟在《玉诠》中指出:"无者,太极未判之时,一点太虚灵气,所谓视之不见、听之不闻是也。""两仪即太极也,太极即无极也。两仪未判,鸿蒙未开,上而日月未光,下而山川未奠,一气交融,万气全具,故名太极,即吾身未生之前之面目。""易者,大易也。大易,未见气也,视之不见,听之不闻,循之不得,故曰易。易者,希微玄虚疑寂之称也。乃易变而为一,一变而为七,七变而为九,九复变而为一也。一者,形变之始也,清轻者上为天,重浊者,下为地,冲和气者中为人。"总括而言,陈抟提炼出了"易老相通,无极而太极,太极是一"的观点。

在此之前,道家的宇宙生成模式可概括为"道生一,一生二,二生三,三生万物";而陈抟的学说,则将之转化为易老结合的"自然生太极,天地生阴阳,阴阳生万物"。如此一来,道教宇宙生成哲学与生命哲学出现了跨时代的创新发展,"道"的阐释更加具体形象化,且思想体系内宇宙生成、生死解脱的概念得以合理化解释——人可以通过效法天道、结合宇宙万物生成衍化的原理,用《易》理象数等形式来论述的修道成仙方式而行事,就能与天道相合,最终得道成仙。

此后,道教内丹派大体上沿袭陈抟这种"易老相通、太极是一"的宇宙论模式。

二、孔老同源　儒道互训

在本章第二节曾谈及,据许地山《道教史》研究,道家思想的渊源与儒家一样同出于《易》,《易》是中国思想与宗教的源头,是儒道共同的典籍,儒道思想可以说是整个中国思想的一体两面。同出一源的老子学说与孔子学说，其差异的内核在于各自注重不同的方面，看问题的角度不同，而其思想实质是一样的。

唐末陆希声在《道德真经传》中指出："仲尼阐五代之文以抶其衰，老氏据三皇之质以救其乱，其旨一也。"宋代葛次仲《老子论》云："孔子曰：'我学不厌。'老氏则绝学。孔子曰：'必也圣乎！'老氏则绝圣。孔子贵仁义，老氏弃仁义。孔子举贤才，老氏不尚贤。孔子曰：'智者不惑。'老氏曰：'以智治国国之贼。'其立言大率相反……盖孔子立道之常以经世变，老子明道之本以救时弊，其势不得不然也……其所以立言不同者……是必有名异而实同者。"孔子与老子同时代，当时孔子周游列国，宣讲仁义，却不能拯救时弊，而老子反其道而行，倡太古淳朴，载畅玄风，激其流俗，救天下之失，与儒家圣人之道，看似相反，实则相成。《老子》推天道以明人事的思维方式也与儒家思想相契合。《老子》云"功遂身退，天之道也"，"道常无为，而无不为。侯王若能守之，万物将自化"，"天之道，利而不害；圣人之道，为而不争"。南宋程大昌说："天地之产，是为人物，而人物皆蕴元气也；大道之派，是为德仁义礼，而德仁义礼函大道也。"道分有无，天地未成之前谓之无，其深不可见，但天地人物由此以生，这叫作"一无涵万有"。道之"有"涉及自然方面，表现为天地人物；涉及社会人事，则为仁义道德。而天地人物蕴有元气，仁义道德体现着大道，这就是万有归于一无。"使其有合于道，则道无二致，安得而不相袭也？既不嫌于承袭，则亦何间于彼乎我也？故孔之于老，师与不师，不足较也。"由此可见，孔老为一，儒家道家思想各有所长，而又能融合互补。《老子》阐微道妙，贵无而未尝遗有，正是孔老为一的要妙所在(孔又专《论陈抟老学思想》)。

陈抟早年熟读四书五经，晚年隐逸修行，以自身著作言行自由出入儒道之间。其出为王者师，而又恬退高隐的儒道兼修的修为，影响后世深远,已然成为其学派宗风。《太华希夷志》序文赞曰:"虽方外之士,胳合中庸之道,其脱落尘世,泥滓轩冕,傲睨公侯,视万乘若僚友,恬退高隐,不尚势利,足抑奔竞之流,可追配巢由严陵之节,其崇名教,厚风俗,以助万一云。"

在其著作之中,他多以儒入道、儒道互训。《正易心法注》曰:"凡阴阳之气,纯而不驳,是为乾坤。《老子》曰:天得一以清,地得一以宁,正谓此也。因知能尽乾之道,是为圣人;能尽坤之道,是为贤人。"他反对神仙黄白之术,指出道教义理玄妙之一是清静无为、修身治国、济世达人。如前文曾述,面对宋太宗对黄白之术的询问,他对曰:"抟山野之人,于时无用,亦不知神仙黄白之事、吐纳养生之理,非有方术可传。假令白日冲天,亦何益于世? 今圣上龙颜秀异,有天人之表,博达古今,深究治乱,真有道仁圣之主也。正君臣协心同德,兴化致治之秋,勤行修炼,无出于此。"(元脱脱等《宋史·陈抟传》)

在人身修养方面,陈抟以儒家的标准来做要求。他指出:"养静在动处养,方见平时操存。养气在卧时定,方见平日澄清。待人在无事时接,方见平日涵养……守此便是真人地位。"其《自赞铭》曰:"一念之善,则天地神祇祥风和气皆在于此。一念之恶,则祅星厉鬼凶荒札瘥皆在于此。是以君子慎其独。"

陈抟的宇宙观着眼于人,并以研究"人"为主要对象。他认为,"天地人"三者的关系,是由"人"来体现的,只有人的存在,才能体现出"天地"的存在。因此,《易龙图序》指出"天三干,地二地四,为之用三",阐明了"天"是三者的主干,"地"是三者的根基,"人"是三者的运用。其《太极阴阳说》在论述宇宙生成模式时,则以人作比拟,明确指出:"两仪即太极也,太极即无极也。两仪未判,鸿蒙未开,上而日月未光,下而山川未奠,一气交融,万气全具,故名太极,即吾身未生之前之面目。二仪者,人身呼吸之气也,鸿蒙者,人身无想之会也,日月者,人身知觉之始也,山川者,人身运动之体也。故四者之用,运之则分为四象,静之则总归太极。"陈抟的宇宙一体论,把天地自然当作大宇宙,把人作为小宇宙。认为大宇宙与小宇宙是密切联系的、不可分割的整体,而研究这层深刻而复杂的关系,必须以人为中心环节。对人的重视,表明道教在儒家思想的渗透和浸染下,已经彻底改变了先秦道家尤其是庄子"知天而蔽于人"的理论倾向。

所以,可以说陈抟自始至终在融通孔子学说、老子学说的精粹,形成"孔老为一"的主张。

三、佛道不分　互释相融

东汉以来,佛教理论之所以在中国得以顺利传播,很大程度上依赖老庄之学。自此之后,以内典与外书互相比附的"格义"之法由此而行(见陈寅恪《支愍度学说考》)。如东汉末年,牟子撰《理惑论》,书中大量援引《老子》书中的概念、语汇来阐述佛道义理。他用老子的无为之境,来格义佛教的涅槃境界:"道之言导也,导人至于无为,牵之无前,引之无后,举之无上,抑之无下,视之无形,听之无声……故谓之道。"敦煌 S.6147 卷记载:"夫无为者,降魔讫;无不为者,种智明。"这即是以佛典《大智度论》中的"种智"(成佛的智慧)说,与老子的"无为而无不为"学说相通。

到魏晋时,玄学创始人之一王弼以老庄思想为主,建立了体系完备、抽象思辨的玄学哲学,主张"以无为本","崇本息末",将老子之道本体化,使道教义理得到系统发展和提升。如他注《老子》"反者道之动"章云:"天下之物,皆以有为生。有之所始,以无为本。"魏晋慧远援引庄子之说以释佛典,使佛学与老庄紧密结合,可以说禅宗思想的形成也离不开老庄。至唐代,重玄学兴起,其遣玄学本体论的有无双执而臻于重玄之境的再造,实现了道教哲学由本体论到心性论的突破和转变。而重玄学的建立和发展即是援佛入道、佛道不二的结晶,尤以大乘佛教"双非双遣"理论为重。蒙文通先生《校理老子成玄英疏叙录》指出:"究乎注《老》之家,双遣二边之训,莫先于罗什。虽未必即罗什之书,要所宗实不离其义,重玄之妙,虽肇乎孙登,而三翻之式,实始乎罗什,言《老》之别开一面,究源乎此也。"

至五代宋初,陈抟学派继承唐代的重玄学,以心性论为缘起,极力融合三教。在陈抟《无极图》中,炼丹的最高阶段是"炼神还虚""复归无极",并用《无极图》最上一"〇"来表示无极。其理论基石取义于《老子》"致虚极,守静笃""归根曰静,是谓复命"等内容的"主静说",而趋向先天无极的路径则是"冥心太无""冥心凝神",即与佛家"真如觉性"类似。

陈抟的《观空篇》认为"动者静为基,有者无为本",只要观"顽空""性空""法空""真空""不空"这五空,便"虚且无也,而为仙焉",是其现存的融合佛道的重要著作。

四、陈景元对陈抟老学的发展与传播

陈抟老学思想的传承顺序是:陈抟→张无梦→陈景元……

陈景元(1025—1094年)是北宋著名的道教学者,字太初,道号碧虚子,师从张无梦,是陈抟再传弟子。主要著作有《道德真经藏室纂微篇》《南华真经章句音义》《高士传》《大洞经音义》《灵宝度人经集注》《碧虚子亲传直指》等。其中《道德真经藏室纂微篇》影响最大,是一部阐述治身治国哲理、以道教解《老子》的重要著作。

陈抟继承唐代的重玄学,以心性论为缘起,融合三教,经陈景元、李

道纯等对心性理论的深入阐发而开启宋代道学新风。陈抟存世著作不多，很大程度上，他的老学思想是通过陈景元而传播并留存的。近现代学者蒙文通《陈景元老子庄子注校记》中指出："碧虚之学，源于希夷。昔人仅论濂溪、康节之学源于家，今碧虚固道士之谈《老》《庄》者，求抟之学，碧虚倘视三家为更得其真。"蒙文通充分肯定了陈景元在学术传承中的作用，他认为在陈抟学术思想的众多传人中，只有陈景元一人得到了真谛。陈景元在《老子注·自序》里也专门讲述了陈抟对他的影响："依师授之旨，略纂昔贤之微。"陈景元将自己的老学宗旨概括为"以重玄为宗，自然为体，道德为重"，亦反映了其老学思想正是陈抟肇其源的宋代重玄学。

陈景元沿袭了陈抟的研究方式，即尊崇老子，以"道"为自己学术思想的最高范畴，也认为"道"为宇宙一切的总根源，提出了以"道"为本体的宇宙生成论。他说："夫大道无形……通生万物。""万物由之以生。""《经》曰：道生一。一者，道之子，谓太极也。太极即混元，亦太和纯一之气也；又无为也。"他明确将"一"阐释为太极，如此一来，使老子抽象的"一"有了确切的内涵。在此基础上，又如同老子和陈抟一样，陈景元认为，天地、万物和人都是由"道"在永恒的运动中自然地生发出来的。他说："生育万物而道不属性，物自生尔。变化万物而道不属物，物自化尔。万物自生自化，自形自色，而不可指名于道也。既而寻本穷源，归于杳冥，复于沉默，斯乃道之运用，生化之妙数也。"

陈景元把道分为"常道"与"可道"，认为"常道"是道之体，"可道"是道之用。"常道"无名，自然而然，不可以言传，凡有名可求、有言可说者便是"可道"。在这个分类标准下，儒家的仁、义、礼、智、信属于"可道"的范围，是道之用；而"虚静之本""性命之原"则是"常道"，是道之体。要想把握常道，就必须进行修炼。

在治国方面,陈景元强调无为,在道家自然精神的基础上,融合了儒家的理想追求。他认为治国如同修身,要贯彻"清静无为"的方针,从"性命"这一根本入手,至公无私,以道德治理天下。同时,他认为修身治国,应"不越性分",各安其命。

陈景元认为庄子之内圣之道,与孔子之旨相似,儒道二家殊途同归,天下本来就只有一个道。圣人对道的体悟也没有多少差别,他们著书就是为了传道,传道是为了教化,教化要因时而设。陈景元解注老庄,更关注老庄的天道,"务在长生久视,毁誉两忘,而自信于道矣"。"老聃氏生于周,以濡弱谦下为表,以虚空不毁万物为实,故其去藏室而隐也。关令尹喜请著书,遂作八十一章,以畅道德之旨。其辞简,其理远,以深为根,以约为纪,以本为精,以末为粗,必欲使斯民复结绳之朴而后已。其所以扶教救时,可谓切至矣。"(《道藏》第13册)老子之所以说一定要使民众回到结绳记事的淳朴时代,是因为老子所处的时代文胜于质,"礼文过度,若不敛浮华而归道德,圣功何由而成哉。其言失道而后德至,失义而后礼,礼者忠信之薄而乱之首者,谓天下莫尊于道德,而莫卑于礼,苟自礼反之于仁义,仁义复归于道德,其于治天下有不足为矣。所以黜仁义礼智,而皆以道德着书诏天下"。在老子所处的时代,礼乐之作过于繁盛,礼乐本身的文饰作用掩盖住了道本身,如若任此发展下去,则天下将亡,所以要从礼返归至仁义,从仁义返归至道德,就必须要弃绝表面的仁义,以使得民众可以回到淳朴的时代,不失自己的本性。

陈景元对陈抟思想后续的传播和发展,有着非常突出的贡献。陈景元儒道关系论以道家学说为立论之本,融合儒家之"仁义礼智"等学说,不仅对道教体系自身的完善功不可没,更可贵的是,对宋代理学家中的"二程"也有至关重要的影响。

第五节　陈抟学术思想史地位

无论在中国思想史上还是宗教史上,陈抟都占有重要的历史地位。他淹通三教,在儒学、老学、易学、内丹学等方面造诣高深,在道家道教学术史上更是书写着浓墨重彩的篇章。陈抟精深广博的学说,开拓了两宋学术之渊源,其老学方面的学术思想对宋元道教乃至整个中国传统哲学都产生了广泛而深远的影响;他对于理学的奠基人周敦颐的学说有直接而重要的引导作用,于理学具有不可忽视的开源之功;他创立的先天易学,开创了宋明以来易学研究的规范与传统;其内丹修炼的理论,又为宋元道教内丹派的形成奠定了初步的理论基础。故而,研究陈抟对于理顺自宋以来我国文化史和宗教史有重要的意义。

正是由于陈抟在中国学术史上的承前启后作用,其学术思想开枝散叶,后学颇多,如邵雍著《皇极经世》,刘牧构建"象由数设"的唯数易学,陈景元著《道德真经藏室纂微篇》,周敦颐《通书》,程颐著《易传》……他们各自的承传与发展如繁星点缀了中国思想史的夜空,蒙文通先生曾赞曰:"观其流风所被,甄陶群杰,更足验也。"

一、开创宋明易学

据南宋易学家朱震的《汉上易传》,陈抟的易学思想授受序列如下:

《先天太极图》,陈抟得之于麻衣道者,传于种放→穆修→李之才→邵雍;

《河图》《洛书》,陈抟传于种放→李溉→许坚→范谔昌→刘牧;

《无极图》,陈抟得之于吕洞宾,刻之华山石壁,传于穆修(一说种放)→周敦颐(《太极图》)→"二程"。

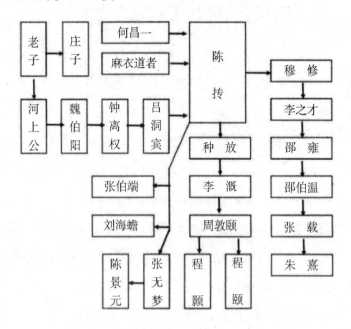

陈抟师承关系源流表

作为宋明易学图书学派的开山鼻祖,陈抟的易学思想通过授徒下传而枝繁叶茂、苗壮成长,"易学宗师"的形象自宋初便是学人共识,至今依然具有旺盛的生命力。

从易学发展史来看,陈抟的易学思想可以说具有拨乱反正、承前启后的历史作用。陈抟将《易》《老子》巧妙兼糅为一,以图学为特色、象数为主体,秉《周易参同契》,以卦象表示万物生成及炼养还丹的途径原理。

第一,陈抟主张创新,融合三家以治学、治心、治身、治天下,开拓了宋代易学研究的新领域,使宋代易学研究的水平,无论是在义理还是在象数方面,都达到了前所未有的高度。

第二,陈抟从道家入手,独创图式,发展象数易学,一改象数原有的繁琐注经方式,使几近失传的象数绝处逢生,重焕生机,再度向前发展。陈抟《易龙图序》复活了象数易学,对南宋大数学家秦九韶的《数术九章》有启迪作用。有观点认为,河图为数学之母,数学为科学之母,可见河图的重大作用。

第三,陈抟的"易道相通、太极是一"的宇宙生成论为道教以易解老打开全新的思路。陈抟继承了《易传》的太极说,在其《无极图》《易龙图》《先天太极图》中,第一次把"无极"作为道教哲学最高范畴,使易、道、无极等范畴在宇宙本原的意义上统一起来,于是,易学与老学在陈抟的宇宙生成论里产生了巧妙的融合。

二、导源宋明理学

陈抟还吸纳儒家易的义理和象数之学,用以指导道教内丹修炼,其中所蕴涵的宇宙生成变化之图式和义理为后学发展出宋明理学提供了理论启迪,奠定了基石。

中国文化自魏晋南北朝以来,儒释道三家长期处于对抗与对话、融合与批判的状态。北宋以前,儒家基本上不把宇宙生成与万物化生纳入讨论范畴,但陈抟把《易传》中那一套阴阳理论糅合到老庄道生万物之中,将汉代易学从道教宇宙生成模式及炼养理论方面进行融合、改造和发掘,创新发展出"无极—太极"宇宙起源及演化思想,形成了一整套的万物生成理论,既为老庄天道的伦理化开创了道路,又为儒家更接近老庄之学缩短了门径。这种思想在邵雍、刘牧和周敦颐等多位宋代大儒的进一步发展下而演变,吸取道家的宇宙生成图式和佛家哲学思辨方法,把阴阳之天道和仁义之人道兼容起来,将当时的整个社会形态建立在绝对的神授权威和终极的宇宙本体之上,实现了三家文化在宋朝的融合与创新,从而产生了一种把宇宙本体、世间万物、国家制度、社会等级、伦理规范等融为一体的精致的思辨哲学——宋明理学。

追溯陈抟《无极图》的传承路径,可见其如何促进宋明理学形成的脉络。显而易见的是,在陈抟之前,学界未见《无极图》,也未形成太极文化形态及其理论体系;而自陈抟传出一系列易图,并发表《太极阴阳说》后,才有了理学萌发与生长的土壤——出现了宋代大儒周敦颐的《太极图说》、张载的《太和论》、邵雍的《皇极经世》及程颐、程颢、朱熹等人的《易传》,从而形成了中国独有的太极文化。邵雍发挥了《先天图》的关键处"太极"的内涵,指出心为太极、道为太极;刘牧围绕《系辞》阐述其太极学说,推演出太极—两仪—四象—八卦—万物的宇宙生成图式,同时演化出《尚书》五行学说,将五行与八卦紧密结合,构建独特的唯数易学体系;周敦颐将《无极图》稍加改造,颠倒上下次序,把内丹养生之《无极图》转化为宇宙演化的《太极图》,并著书论证"自无极而太极"的宇宙生成说,同时引申出儒家"纯粹至善"之人性道德标准,从理论上填补了儒家宇宙论上的空白;程颢、程颐师承周敦颐,成为北宋理学的奠基人;后来,《无极图》传到南宋理学大师朱熹手中,朱熹把这四图刻印在《易经》卷首,使之流传后世,并声称自己是"希夷直下诸孙"……所以,陈抟将《无极图》秘义传之后人,对宋明理学具有无可替代的开源之功。

三、奠基宋元丹学

在道教发展史上,陈抟是道教外丹法转化为内丹法中的重要人物。

首先,陈抟内丹修炼的理论,对内丹理论建设和发展有开来之功,为宋元道教内丹派的形成奠定了初步的理论基础。陈抟的内丹理论以老庄思想为基础,继承了自《周易参同契》以来的道教传统。他改外丹黄白术为内丹修炼之道,把《易传》中的阴阳理论糅合到老庄道生万物之中,所表现的超越生命主体、建立无极精神本体的道教内丹生命哲学理论,摆脱了传统道教中成仙、占卜的枷锁,而转化成一种个人道德的修为,从而开辟了道教新的发展方向。他的内丹学说不仅顺应了道教教理由外向内的历史转折,也符合三教合流的时代潮流。陈抟传出的《无极图》修炼方法及"顺则生人,逆则成仙"的思想,是钟吕内丹学说的核心和根本,不仅对南宗张伯端至白玉蟾一系,对北宗王重阳及全真七子同样意义重大。

其次,陈抟以内丹学为代表的修身养性理论,使道教思想体系进一步得到完善与发展。在对历来中华丹学修炼理论与实证的纠正、完善与总结的基础上,陈抟还借鉴佛门禅宗的理论与方法,既有理论图示,又有实践修正,建构了内丹学原理与内丹修炼方法相互结合与实验的完整体系。

最后,陈抟性命双修的炼养体系为中国养生学提供了有价值的实践方法。陈抟把禅宗和道教传统相结合,总结发挥出"性命双修""修心养肾"的内丹思想,以"人体精气"为修炼对象,主张控制人的欲望,摈弃外丹,注重内丹,强调对精神、意志、品质等进行修炼。他不仅把曾经秘而不传的内丹学说推向公开化、社会化的讲坛与视野,而且他的内丹实践也流传于世,比如睡功、坐功。这些都在道教内丹修炼体系中发挥着重要作用,为后人实践修道养生指明了方向,较之中国古代其他养生方法,在理论上更为先进,在实践上更为可行,虽跨越千年,对于当下的养生学仍有独具特色的启示及价值。

第六节　陈抟著作录要

从本章的前五节，我们了解到陈抟以传统的道家学说为核心，吸收儒家思想与佛教心法，重阐老庄奥义，务穷易道之秘，建立了一个相当完整的思想体系。

这种融合三教的体系，在其著作中有着充分的表现。陈抟的主要著作有以下几种：易经类有《先天太极图》《无极图》《易龙图》《正易心法注》等；养生类有《指玄篇》八十一章、《二十四气坐功导引治病图》、言导引及还丹之事的《赤松子八诫录》《阴真君还丹歌注》；五行相法类有《人伦风鉴》《心相篇》等；诗文类有《三峰寓言》《高阳集》《钧潭集》等，共有诗词 600 余首。其中，《无极图》《易龙图》《指玄篇》等，不仅完善了道教内丹哲理，还为后世研究理学留下了可贵的史料。《阴真君还丹歌注》《二十四气坐功导引治病图》均为阐述道教内丹派养生理论和方法的重要专著，在民间流传较广。《人伦风鉴》《心相篇》等维护了唯物的"天人相应论"，重申了古代唯物哲学家认为宇宙万物的本源是物质的观点，把中国古代相学引向了唯物论的范畴。可惜这些著作大多亡佚，具体原因难以考证。据《亳州年鉴》（方志出版社 2005 年版）认为，陈抟的辩证观点与封建统治阶级利益相抵牾，著作因不为官方所容而被销毁。

《亳州先贤著述征略》（合肥工业大学出版社 2017 年版）曾对陈抟名作的史料出处做过翔实的整理，本节将以其为基础，结合各篇目的类型与主旨再作介绍。

一、《河洛真数》

《河洛真数》是《故宫珍本丛刊》术数类阴阳五行属中之一种,揭开《易经》千古之谜的哲学著作。陈抟根据《河图》《洛书》发明"河洛数",并由邵雍著述为《河洛理数》流传于世。清朝的《四库全书》将此书题名为《河洛真数》(二卷),收入《续修四库全书·子部·术数类》。

四库《河洛真数》提要云:"《河洛真数》二卷,浙江范懋柱家天一阁藏本。旧本题宋陈抟撰,抟事迹具《宋史·隐逸传》。其说以《易》之卦爻配合人生年月日时八字,以定休咎。前有抟自序,又有邵子序,词皆鄙倍,殆术士不学者所为。下卷载晋管辂《述洛书》,篇首曰:'夫河龙负图者,非龙也,乃大龟也。'又曰:'羲皇画八卦,后有大挠明之。'尤极谬陋,不足与之辨也。"

二、《易龙图》

《易龙图》简称《龙图》,流传至今,可以确定为陈抟自著,并且体现了他的易学思想。

《五代艺文考》载:"《易龙图》一卷,陈抟撰。《宋史》卷二〇二《艺文志》一'易类'载陈抟《易龙图》一卷。清赵士炜《中兴馆阁书目辑考》卷一列《易龙图》一卷,释云:'陈抟撰。'序曰:'龙马始负图出,于羲皇之代,在太古之先,今存已合之位。或疑之以陈其未合之数耶?……大矣哉,龙图之变! 今述其梗概焉。'宋《志》不载卷数。"南宋吕祖谦编《皇朝文鉴》,收入其《龙图序》。元张理《易象图说内管》并收《易龙图》之序及数图式,可考见其易学象数思想。

三、《坐功图》

陈抟自创了一套"二十四气坐功导治病"功法,以此可以养生治病,按节气练功,练法医理,所列详明,在明清两代颇为流行。

《中国丛书综录》:"陈希夷坐功图一卷。(宋)陈抟撰,(明)茅一相补阅。重订欣赏编。"

《中医古籍珍本提要》之"二十四气坐功导引治病图"内容提要云:"又名《案节坐功图》《陈希夷坐功图》《元人导引图》《景钞瓶园旧藏本导引图》。成书于989年。全书共包括24势,与一年之24个节气相配,分别在每一节气中锻炼一势,各势均以节气名称命名。其内容首列运主何气与何脏相配。次述坐功方法,末载所治病证。坐功内容主要包括按膝、捶背、伸展四肢、转身扭颈等多种导引动作,同时还结合叩齿、漱津、吐纳等方式。每势主治病证,均与所配脏腑经络、'是动病'和'所生病'有关。由于本功法结合脏腑、经络、运气等传统中医学理论,因此,易为人们接受,并对后世影响颇大。主要版本:抄本,中国中培研究院图书馆(北京)藏。"

四、《正易心法注》

《正易心法》全名《麻衣道者正易心法》,麻衣道者撰,陈抟作注。该书主要从象数方面解说易道,是象数派易学的代表性著作之一。

《中国丛书综录》载:"麻衣道者正易心法一卷。(宋)陈抟受并消息。范氏奇书、津逮秘书(汲古阁本、景汲古阁本)第二集。(宋希夷先生受并消息)学津讨原(嘉庆本、景嘉庆本)第一集、丛书集成初编·哲学类。正易心法一卷。艺海珠尘木集(辛集)。"

宋释志磐《佛祖统记》卷四十三记载,陈抟得受麻衣道者《正易心法》,为之注释。此书原载《道藏缺经目录》,后又收入《藏外道书》第五册。

五、《心相篇》

该篇取"相由心生"之意,兼有佛家《因果经》的意味,颇有止恶扬善之功,耐人寻味。

《中国丛书综录》载:"心相篇一卷。(宋)陈抟撰。拜梅山房几上书。陈希夷心相篇一卷。惟慎堂五种。"

六、《阴真君还丹歌注》

该注解为内丹术著作,注解根据阴阳五行、四时运转的理论,说明脏腑的位置,修炼的时机、方法和功效;还对内丹术语,如河东、金砂、甲乙、朱雀、金华、子卯、龙虎、鼎器、火候、炉室、真砂、真汞等作了解释。阴真君为阴长生,传说为东汉和帝阴皇后之曾祖。《还丹歌》盖后人依托其名,述内丹术、重金华及炉室等。陈抟注而阐发之,继承《黄庭经》,并述阴丹。

《中国丛书综录》载:"阴真君还丹歌注一卷。陈抟撰。道藏(正统本、景正统本)·洞真部玉诀类。"

七、《指玄篇》

该篇阐述引导养生及使水银还成丹之事。

《宋史·陈抟传》载:"抟好读《易》,手不释卷。常自号扶摇子。著《指玄篇》八十一章,主导养及还丹之事。宰相王溥亦著八十一章,以笺其旨。"又《宋史》卷二百五:"陈抟《九室指玄篇》一卷。"宋郑樵《通志·艺文略》中,道家吐纳类亦有记述"《指玄篇》一卷"。

八、《三峰寓言》《高阳集》《钓潭集》

均为其诗歌集之一。见《宋史·陈抟传》。

九、《赤松子八诫录》

又作《赤松子诫》。宋郑樵《通志·艺文略》道家书类著录有陈抟著《赤松子八诫录》一卷。

十、《人伦风鉴》

又作《龟鉴》。该篇为相书,《通志·艺文略》五行相法类载,"《人伦风鉴》,又称《龟鉴》,一卷"。

第三章　陈抟诗歌作品及鉴赏

第一节　诗歌作品概述

晚唐后期,唐诗已日渐衰落,这个时期的诗人或是沉湎于歌舞声色,或是隐遁于山水之间。如与温庭筠同为"花间派"代表的作家韦庄(约836—910年),其诗多流露浓厚的凄婉感伤的末世情调;司空图(837—907年)的诗虽颇能抒发山水隐逸的闲情,内容却不免略显单薄。至五代十国时期,藩镇混战、祸乱相继的局面使得诗坛愈发萧条,作为晚唐诗歌的尾声,几无诗坛巨匠,诗人所作诗歌多是效法白居易、贾岛风格,对战乱频仍、民不聊生的惨淡现实作一番沉吟慨叹,或者对自身困窘境遇乞怜自嗟而已。

长期以来,每每谈及陈抟,人们更多的是敬仰其深厚广博的学术思想内涵及神奇的功法,对于其及后学的易学、内丹学、养生学等诸多著述较为重视,文化界视之为探讨主题。而实际上,陈抟传世的诗歌不仅是后人研学领会其思想的一种载体,而且诗歌本体的文学性及艺术性在唐末宋初的历史上也别具一格、自成一家。

关于陈抟诗歌创作的最早时间,并无相关记载,但能确认的是,在参加科举考试前,他已经创作了不少诗歌,且在文人骚客当中"颇以诗名"。而后,到了隐居武当山、西游后蜀的人生阶段,作为自由的隐士,他更是展开了大量的创作,尤其是居于华山之时,更是其创作诗歌的高峰时期,作品不乏隐逸、山水、师友赠答等题材。而陈抟应宋太宗征召赴朝期间所作的多首应诏唱和诗,给世人留下的不仅是一位高道令人称奇的故事,更有他应答中所体现的态度与风骨。

据《宋史·陈抟传》,陈抟"有《三峰寓言》及《高阳集》《钓潭集》,诗六百余首"。而元代张辂《太华希夷志》云:"先生没后,有弟子曾孙武尊师,因文正范公指教,得《入室还丹诗》于京师凝真院,得《三峰寓言》于太华李宁处士,得《指玄篇》于赤城张无梦,得《钓潭集》于张中庸进士,共三百余。"郑樵《通志·艺文略》云:"有《赤松子八诫录》一卷、《指玄篇》一卷、《九室指玄篇》一卷、《人伦风鉴》一卷。《宋史·艺文志》有《龙图易》一卷,《宋文鉴》有《龙图序》一文。"

遗憾的是,上述诗文作品集,时至今日,多已散佚。目前录于《全宋诗》的作品,仅存十六首,分别为《俞公岩》(又名《隐武当山诗》)、《归隐》、《赠金励睡诗》(二首)、《题石水涧》、《冬日晚望》、《题西峰》、《华山》、《与毛女游》、《咏毛女》、《对御歌》、《辞上归进诗》、《石刻诗》、《赠张乖崖》、《华山游》(又名《诗一首》)、《喜英公大师挂锡太华》,以及残句两联。除上述之外,还有不少散见于各处典籍的陈抟诗歌十余首,如《赠种放》、《辞歌女》、《答使者辞不赴召》、《辞召诗之坐逢圣代即尧年》、《赴召答葛守忠》、《留别山中麻衣道友》、《辞职叹世诗》、《叹世诗》(二首)、《退官歌》、《喜睡歌》等。

前文已对陈抟的人生轨迹作过梳理,陈抟科举不中之后即"以山水为乐",对功名不再追慕,即便有君王相邀也不出仕,是一位既对现实洞明通彻又视功名为浮云的高道与隐士。这样的人生选择背后,是他的潇洒旷达、纵情恣肆的人生态度。陈抟的内丹之学不但摆脱了道教中装神占卜的藩篱,而成为一种修身养性的功夫,陈抟更进一步把它与日常生活结合在一起,形成一种无所系挂、洒脱恣意的生活方式。而这样的生活态度,决定了其诗歌风格形成之基础。

纵观文学史,陈抟诗歌可贵之处,即在于体现了道教文化投射给文人的诗性理想。我们聚焦审视其诗歌中所含的"道"的筋骨,则能窥见他的价值观——向内崇尚个人精神的自在逍遥,向外排斥迷惑人性的功名利禄。因而,陈抟诗歌所彰显的风采,不仅限于思想与艺术上,更是人生观上的。这对宋人的影响深远——正是有了体察万物的闲情后,才会开拓创作题材,将生活艺术化,从而发展出一种琐事细物中融入诗思妙理,既包含有理趣之美,又有洒脱旷达之情怀的文学风格。

第二节　思想内涵

陈抟一生中最为后人津津乐道的事迹,莫过于后唐明宗、后周世宗、宋太祖、宋太宗多位君主前后数次征召下,他要么婉谢拒见、要么面君却推辞。这种长期的政治上的羁绊,在隐遁的高道当中是罕见的,独特的人生阅历也成就了陈抟独特的创作生涯。在历次召见中,陈抟都有诗歌流传后世,这一条脉络,最能反映陈抟诗歌内容与思想的变迁。我们大致可将其划分为前期、后期。前期,陈抟积极寻求救世之主,对建功立业犹有向往,即便隐居也希冀有朝一日遇圣明之主而用之;而后期,随着政局动荡及修行渐深,他对现实中昏聩自私的君主已不抱任何希望,安然退隐,归去道山。

一、前期:积极寻求救世之主

陈抟最早的一首辞召诗是《辞歌女》:

> 雪为肌体玉为腮,多谢君王送得来。
>
> 处士不兴巫峡梦,空烦神女下阳台。

此诗的来历是颇有传奇色彩的:"后唐明宗闻先生名,亲为手诏召。先生至,长揖人主。明宗待之愈谨。赐先生号'清虚处士',仍以宫女三人赐先生。先生为表谢上并留诗云云,即遁去。"其实这一首《辞歌女》不能算是严格意义上的辞召诗,而是一首谢绝赏赐的辞谢诗。此时的陈抟虽然已是一位颇负盛名、清修有道的高人,但落第后不久,尚有儒家入世之思,接受唐明宗的召见,或许心中还存有应进士举时入朝为官的期许。然而,当接到明宗的首肯与赏赐时,他还是婉言谢绝了这常人难以推却的盛情之礼,飘然离去。此时的陈抟,入仕之意并没有完全消失殆尽。而后,他在周游四方、寻仙觅真的同时,又"多游京国间",观察了解社会各阶层,自称"道门弟子"的陈抟,仍没有忘记他济世治国的理想。在武当山,他写下《俞公岩》(又名《隐武当山诗》):

> 万事若在手,百年聊称情。
>
> 他时南面去,记得此山名。
>
> (傅璇琮等《全宋诗》)

足见他对于儒家所倡导的经世功业仍旧是非常执着的。《邵氏闻见录》谓：“《隐武当山诗》云‘他时南面去，记得此山名’，本朝张邓公改‘南面’为‘南岳’，题其后云‘藓壁题诗志何大，可怜今老华图南’。”（《邵氏闻见录》卷七）其中的“南面”二字，即事君入仕途之意。可见在后唐年间，陈抟隐逸的表象下仍潜藏了济世之心，并且期待终能以自身才学兼济天下。可惜可叹的是，明宗不过是一名平庸的君主，不但不尊敬良才、讨教治国之方，反而以美色诱惑笼络，即便是存有试探考验的心态而故意为之，这对于修道之人也无异于一种不尊甚至贬损。

陈抟在武当山隐修 20 余年，留诗多首。有《石刻诗》诗前小序记述了他一次饮酒后寻访何昌一的经过，别有一番趣味：“因攀奉县尹尚书水南小酌回，舍辔特叩松扃，谒高公。茶话移时，偶书二十八字。道门弟子图南上。”《石刻诗》曰：

> 我谓浮荣真是幻，醉来舍辔谒高公。
>
> 因聆玄论冥冥理，转觉尘寰一梦中。
>
> （宋陆游《老学庵笔记》卷六）

这诗中的梦与醒之间，既有他对于所学睡功的体会，又有对于所求至道的领悟。尘寰中的“浮荣”，他是超然的、不以为意的，所以用“幻”来形容。此后，顺延着这样的一条轨迹，陈抟迁居了华山，并继续修行睡功，逐渐发展出了自己的内丹理论“至人之睡”，“……然后吾神出于九宫，恣游青碧……故其睡也，不知岁月之迁移，安愁陵谷之改变？”（《历世真仙体道通鉴》）

然而，陈抟仍有始终放心不下的事，那便是人间疾苦。对百姓的怜悯之情，一直是这位隐修之人最深切的牵挂：“后隐居华山，自晋、汉以来，每闻一朝革命，颦蹙数日，人有问者，瞪目不答。”（宋巧泰《东轩笔录》)于是,在显德三年(956年)受到后周世宗召见时,陈抟视之为造福苍生的机会,心中再一次有了匡扶明君的期盼,欣然赴召。然而,出乎意料的是,世宗竟然不问政事,却"问以神仙黄白之事、飞升之道"。面对这一荒诞的情景,陈抟并没有任何委婉周旋的言辞,当即做出了迅速而直白的诘问:"陛下为四海之主,当以致治为念,奈何留意黄白之事乎?"(元脱脱等《宋史·陈抟传》)世宗封他左拾遗,他固辞不受,并进诗《对御歌》以表其志:

> 臣爱睡,臣爱睡,不卧毡,不盖被。片石枕头,蓑衣覆地,南北任眠,东西随睡。轰雷掣电泰山摧,万丈海水空里坠,骊龙叫喊鬼神惊,臣当恁时正酣睡。闲想张良,闷思范蠡,说甚曹操,休言刘备,两三个君子,只争些小闲气。争似臣,向清风岭头,白云堆里,展放眉头,解开肚皮,打一觉睡,更管甚,红轮西坠。

> (傅璇琮等《全宋诗》)

　　这首诗可谓是陈抟的代表诗作。外部环境的长风密林固然是诗人创作的灵感源泉,而诗人内在的思想才能构成这一幅千古称奇的画面。在此,我们还需回顾下陈抟的内丹与睡功思想,久居山间的他认为山林之美固然可以使人精神愉悦而忘却尘世烦恼,但要想求得精神的彻底解脱,还应当不执于外物。道家的理论可为此作出最好的注解,也就是只有忘掉一切感官存在,摆脱由生理产生的欲望和由知识造成的困扰,才能进入无为的虚静境界。陈抟自己独特的内丹学更是发展出了以"睡"和"梦"的形式体悟道的无为与虚空。这首诗第一层,诗人首先惟妙惟肖地描摹着自己悠然的心境与雷打不动的酣然睡态。第二层,先是以恬淡的笔触认可褒扬了张良、范蠡这样的贤良谋士的功成身退。

张良于汉建立之后从赤松子游,范蠡在越王灭吴以后隐居五湖。他们功成不居,自在洒脱,是现实中以老庄思想处世的模范代表。又对三国英雄曹操、刘备进行了自己独到的审视与批判,陈抟所处的时代,山河破碎、政治纷争,陈抟反对干戈征战,而曹操、刘备、孙权等出于一己之利,意图自立皇位,争战不休,造成天下四分五裂,给民众带来了深重的灾难,所以陈抟斥责他们"只争些小闲气"。最后,诗人再以一种审美的眼光歌咏自己与清风白云为伴、恣肆洒脱的"至人之睡"。还有另一首,是《辞上归进诗》:

　　草泽吾皇诏,图南抟姓陈。三峰千载客,四海一闲人。
　　世态从来薄,诗情自得真。乞全麋鹿性,何处不称臣。

　　　　　　　　　　　　　　　　　(宋王辟之《渑水燕谈录》)

　　现时难以考证判定《辞上归进诗》的具体作诗年份,据《旧五代史》卷一百十九《周书·世宗本纪》为此时所作,而《宋诗记事》则称"太平兴国初,诏赴阙,久久辞归作"。不过,可以断定的是属久在御前、辞官乞归之作。因陈抟上述的应答及辞召诗,世宗见其不为所用,便只得作罢,封以"白云先生"放还,此后且多加存问。

　　后唐明宗、后周世宗的这两次应诏,陈抟本都算是积极响应而前往的,然而最后都是不如意的结果。这主要是因为君主的态度,要么并不诚心尊重贤才,只想笼络臣子进而对其奴役;要么关心个人福祉康养远远胜于江山社稷。从上述记载中,我们不难想象心系天下而报国无门的陈抟该是如何失望,从此更加坚定了归隐的意愿。随后面对后周世宗的非治国之请,陈抟既已知道此人非治世之主,便佯装入睡不起,后又赋诗以表其志,写下了动人心魄的《归隐》:

> 十年踪迹走红尘，回首青山入梦频。
>
> 紫陌纵荣争及睡，朱门虽贵不如贫。
>
> 愁闻剑戟扶危主，闷见笙歌聒醉人。
>
> 携取旧书归旧隐，野花啼鸟一般春。
>
> （傅璇琮等《全宋诗》）

相较于此前所作的几首辞召诗，《归隐》对于现实的批判性更为刚直、热烈，其中饱含着诗人层次丰富的情感。此诗不仅表达了陈抟对奔走于紫陌红尘、朱门权贵的厌倦憎恶，对青山旧隐的怀念向往，更以警世之言大胆地揭露了当时统治者的本质——风光一时、战绩赫赫的后周世宗等五代时期的割据政权君王，不过都是乱世的枪林剑戟中的"危主"。他因兵戈扰攘导致生灵涂炭而生愁，他因统治阶级草菅人命、歌舞升平而愤懑。陈抟看到了功名利禄的背后隐藏着巨大的险恶，又知晓了世宗也并非值得辅佐之君主，因而，陈抟没有别的选择，只能转向彻底归隐，在动乱的社会现实中急流勇退。

二、后期：安然退隐归去道山

五代十国的乱象终成过往云烟。政权更迭，北宋建国之初，当陈抟听说赵匡胤登基的消息后喜不自禁，云"天下自此定矣"。纷争乱局结束，百姓终得安居，生灵免遭涂炭，使他看到了新的转机。而北宋统治者也对陈抟早有仰慕，多次予以征召。不过，此时的陈抟已是功德圆满的耄耋老人，隐逸思想占据主导地位，面对宋太祖、太宗的征召，他多次谢绝，并不应征。张辂《太华希夷志》载"宋太祖累征不至"。好在太祖并未强求，陈抟继续隐于山林。不过，后来在宋太宗几次三番召请之下,陈抟最终只得应诏。

正史与稗史对太宗年间的召见及陈抟的赴阙都有记述。据张辂《太华希夷志》,太宗第一次下诏时,特地亲自作了诗:"华岳多闻说,知君是姓陈。云间三岛客,物外一闲人。丹鼎为活计,青山作近邻。朕思亲欲往,社稷去无因。"这次陈抟未肯来朝,并作诗《答使者辞不赴召》曰:

> 九重特降紫泥宣,才拙深居乐静缘。
>
> 山色满庭供画幛,松声万壑即琴弦。
>
> 无心享禄登台鼎,有意求仙到洞天。
>
> 轩冕浮云绝尘念,三峰只乞睡千年。

此诗中,陈抟谦称自己"才拙",只习惯于山居之"静",并以"山色满庭""松声万壑"的山林风光为乐,明确表示自己"无心享禄"而"有意求仙"。接续以往的辞召诗,陈抟再一次将凡世间的荣华轩冕视作"浮云"。

太平兴国四年(979年),太宗第二次征召陈抟,陈抟再次上表婉谢。张辂《太华希夷志》载:"表云:'臣无诸葛之奇才,君迈汉皇之厚德。臣山麋之性,野鹤之姿,冠簪独羡乎逍遥,轩冕离禁乎羁束,高处苍龙之岭,蝶梦悠扬;闲看玉井之莲,诗魂浩荡,餐烟露于洞口,采薇蕨于林间,杖屦徜徉,身心懒散。炼炉中之丹药,远拟登仙;避世上之虚名,屡防嫁祸。赖遭逢乎尧舜,可疏放其巢由,幸尽余生,退瞻圣代。'"并作诗二首云:

其 一

坐逢圣代即尧年,草泽愚人也被宣。

自笑形骸元懒散,才疏安敢望朝天。

其 二

调和四气凭烧药,修炼千方只要安。

黄阁高官无意恋,闲居佳境胜为官。

面对第二次的征召,大概是迫于统治者的绝对威权,陈抟在其谢表和诗里都表达了谦退避祸、只求平安之意,并且恭维宋太宗的治下乃是"圣代""尧年"。

然而,太宗在雍熙元年(984年)又遣人相召,这已经是太宗第三次征辟了,且再次亲自作诗。"太宗作《复召陈抟》诗曰:'三度宣卿不赴朝,关河千里莫辞劳。凿山选玉终须得,点铁成金未使烧。紫袍绰绰宜披体,金印累累可挂腰。朕赖先生相辅佐,何忧万姓辍歌谣。'"(元张辂《太华希夷志》)这次太宗还派出了与陈抟有故交的葛守忠。葛守忠有《答陈抟》诗云:"华岳三峰客,幽居不计年,烟霞为活计,云水作家缘;种药茅亭畔,栽松涧壑边,暂离仙洞去,可应帝王宣。"(元张辂《太华希夷志》)陈抟见故交葛守忠被卷入此事,担心自己坚持不出山的举动连累他人,无奈之下出山,并写了一首《赴召答葛守忠》作答:

鹤氅翩翩即散仙,蒲轮争忍利名牵。

留连华岳伤心别,回顾云台望眼穿。

涉世风波真险恶,忘机鸥鸟自悠然。

三峰才欲和衣倒,又被天书下日边。

(元张辂《太华希夷志》)

这首七律用仙鹤鸥鸟自比，以表达自己无欲无求的悠然本性，连用"伤心别""望眼穿"诉说对于隐居之地的深深眷恋，再次流露了流连山水、轻视名利的思想，还抒发了与道友伤别的感情。然后直言不讳讲明了不趋功利的原因——"涉世风波真险恶"，也就是出于对世间心机险恶的忧惧。尾联的"三峰才欲和衣倒"活脱脱描摹出了一个睡仙的形象。"又被天书下日边"略表达一点无奈之意。

陈抟临行前向他的老师麻衣道者辞行，麻衣道者特地作诗叮嘱道："'逢人不话人间事，便是人间无事人。'陈抟……和诗曰：'师言耳聩持和久，人是人非闻未闻。'"（元张辂《太华希夷志》）老师教导他"不话人间事"能保自身无事，弟子马上表示自己就遵从师命去装聋作哑求得安稳，这样的一唱一和所展现出的师生情谊令人会心一笑。

陈抟来到汴京后，在建隆观歇息时，夜间偶然听到禁钟响声，吟《叹世诗》二绝云：

其　一

玉漏将残月色沉，一声清响透寒音。

能催野客思乡切，暗送离人起恨深。

其　二

窗下惊开名利眼，枕前唤觉是非心。

皇王帝霄皆经此，历代兴亡直至今。

《叹世诗》二首再次明确表露了陈抟远离尘世名利是非、只愿归山隐遁的心迹，且志向十分坚定。第一首开篇即以沉郁的夜色进行情绪的渲染，当中的"一声清响透寒音"是以钟声反衬深夜之静、离人之思，直至第二首倾吐出"历代兴亡直至今",我们能感受到"寒音""离人恨"并不限于个体,更涵盖了对天下苍生的慨叹。也就是说,造访京城并未拉近他与朝堂的距离,相反,对于这位经历了政权更迭多次的暮年智者,满眼名利是非的京城与他朝夕相伴的山水是截然不同的两个世界,京城的一草一木无不使他生发出盛衰无常的感慨,难免伤今怀古、怅惘不已。

据《太华希夷志》,陈抟此次面圣,宋太宗见面便询问其丹药之事,恐怕对陈抟来说又是一次彻底的失望之行。

而后,在汴京,宋太宗曾特地与他同登东角楼闲观市肆,见楼下富人日高才起床洗漱,即吟诗曰:"人人未起朕先起,朝来万事攒心里。可羡东京豪富民,睡眠日高犹未起。"而陈抟答诗曰:

> 昨夜三更梦里惊,一声钟响万人行。
>
> 多应又是朝金阙,臣自无官睡到明。

这让宋太宗误以为陈抟所言"无官"是婉转乞官之意,于是次日早朝,太宗便欲封陈抟为谏议大夫,但陈抟却坚决推辞不受。宋太宗所谓"日理万机",他遇到了悠闲的富民后不禁生发出艳羡之意,但这仅是看到事物表象后的一种自怜与自夸罢了。而陈抟是真正不愿出山为官,并无虚意,他所追求的是一种"高睡"的人生境界。故赵、陈二人的诗作虽都是用对比的手法,诗人的情感真实性以及格调却大相径庭,陈抟是怡然自得,太宗却是有自矜功伐、自傲无知的矫情。为了坚持表述其辞官不就的心迹,陈抟向太宗又呈上了一首《辞职叹世诗》:

> 南辰北斗夜频移,日出扶桑又落西。

人世轻飘真野马，名场争扰似醯鸡。

松篁郁郁冬犹秀，桃李纷纷春渐迷。

识破邯郸尘世梦，白云深处可幽栖。

（宋王辟之、欧阳修《巧水燕谈录·归田录》）

此诗所要表达的是，陈抟因长年面对世间自然规律的盛衰变化而醒悟，认识到红尘俗事、山秀水美只不过都是过眼烟云罢了。这些年里，陈抟目睹自然以及政权人事变化之虚妄，人生境遇之偶然性与不确定性，萌生出超然尘外之思，生发出人生如梦的感慨与领悟。因此他反复申述自己已经厌倦世间纷扰而乐于幽栖的志向，犹如隔世的洞府仙乡，是他理想的安身立命之处。另外需要指出的是，陈抟对梦的吟咏，总是与他自身的内丹修道观念有紧密联系的，只有到达无尘世之梦的境界，方能致虚守静，他对"尘世梦"是不以为然的。太宗见陈抟去意已决、无心仕途，只好作罢，放他归山。

以上是结合陈抟个人经历对辞召诗或隐逸诗的思想内核所进行的阐释。陈抟的创作前期属于后唐明宗、后周世宗时期，虽是乱世，但他仍有着深切的入仕匡济的愿望；而到了政局趋向统一稳定的宋太祖、宋太宗时期，创作后期的陈抟已经处于清虚境界。我们可以看到，总体上，陈抟的诗歌创作历程挥洒自如，作品颇有其独树一帜的人文风貌。更具特色的是，因其睡功这独特的修道之法而别有一种颇为具象的仙风道骨的意趣，留下了光辉而生动的一笔。另外，身怀济世之才的陈抟并非消极漠然的隐者，他如中国古代文人志士一样将家国理想系于心，即便是乐道避世也总是抱有对现世苍生的悲悯之思。他所追求的人生价值既有儒者的经国治世，又有道者的人格自由、自在逍遥，他波澜壮阔的一生所体现出来的是以儒为本、儒道互补的积极进取精神,因此他的诗歌作品还显现出其内心潜在的积极精神风貌。

陈抟隐逸思想既与长期处于征战不止、更迭无常的政治环境有关,又与道家遁世思想有密切联系。陈抟的隐逸思想,以及屡征不起、独善其身的高尚人格,直接影响了宋代一代士人群体,是宋代隐逸文化不可或缺的构成元素。陈抟诗歌所蕴含的潇洒疏旷甚至影响了宋人对于晋陶渊明的推崇敬仰,对陶诗的流传、普及起到了关键性的作用。宋代士人阶层在积极参政议事的同时,也常有内在的隐逸之思。他们在践行应世之时,便怀着兼济天下的理想;当处于不顺之境,便寄情山水,在隐逸的高人身上寻求共鸣,守护自己的一方心灵净地。自此,士人群体的人生观得以拓展,在不同的人生阶段多方面地考量自己的仕隐选择,发展出新的精神追求;审美观也有相应的重塑。后来的宋诗因而雅俗并重、平淡为宗。

陈抟因其诗歌的通俗性,而广泛在民众与道教徒中传播。在道教发展与民间叙事的传承下,陈抟的形象也逐渐带有传奇色彩,成为具有重大文化影响的人物。

第三节　艺术特色

体裁与题材的多样性首先能体现诗人的文学功底。陈抟作为宋初博学多识的大家,他的诗歌创作在多种体裁、题材之间的切换自如,游刃有余。

先从体裁看,陈抟诗歌中有几首是较有特色的古体诗。在近体诗形成前,除楚辞外的各种诗歌体裁皆称古体诗。古体诗格律自由,不拘对仗、平仄,押韵较宽,篇幅长短不限,句子有四言、五言、六言、七言体和杂言体。唐代以后,近体诗已占据文学的核心位置,而古体诗则通常只分五言、七言、杂言三类。陈抟的五言古体有《赠金励睡诗》《冬日晚望》,七言古体有《华山》,杂言古体有《对御歌》《喜睡歌》《退官歌》,其余多为近体诗的绝句或律诗。陈抟对古体诗、近体诗得心应手的运用,展现了一种古朴自然、逍遥随心的艺术特色。

再看题材,陈抟曾书写过几类不同的主题。作为一名隐修高道,陈抟对后世影响较大的是隐逸诗(含辞召诗)。隐逸诗是指以归隐田园生活或向往田园自然风光为题材所作的诗,描写秀美的田园风光,描画清闲安逸生活,多有宁静的氛围。诗人在诗中的表现多为悠闲、祥和,往往具有浓郁的田园生活气息,在艺术风格上大多具有质朴清新的特点。《隐武当山》《辞朝诗》《对御歌》《退官歌》《辞职叹世诗》《赠金励睡诗》等都是这方面的代表作。而不同于其他隐逸诗人的是,陈抟的隐逸诗不仅超凡脱俗,更涵盖了壮阔与豪迈之情。而且,这一点很可能对欧阳修、苏东坡等宋代文豪的诗风产生潜移默化的影响,可惜历史上的陈抟并不以文学家著称于世,大多后学集中于研究陈抟庞杂高深的学术思想,所以古代文学史并没有展开相关的论述。另外,因久居山林,陈抟也创作了不少山水诗。自从东晋谢灵运所开创的山水诗把自然界的美景引进诗中,自然已从作为陪衬的环境变成具有独立价值的审美对象,不仅把诗歌从"淡乎寡味"的玄理中解放了出来,山水诗的艺术技巧和表现力有了新的发展;而后因有不少道士参与山水诗的创作,衍生出新的一个分支——游仙诗。游仙诗作为道教诗词的一种体式,多为歌咏仙人漫游之情的诗。现存陈抟山水诗主要是《俞公岩》《题石水涧》《冬日晚望》《题西峰》《华山》《石刻诗》《与毛女游》《华山游》等,其中《与毛女游》《华山游》是游仙诗。

前文已对陈抟的学术理念、思想内核作了阐述,在此基础上,我们再细品其诗歌的艺术特色,探究这位诗人如何开启宋诗平淡先河以及尚理风气。他的诗歌多抒写自己归隐山林的旷达情怀,总体是一种潇洒疏旷的风格。

而具体说来,其诗可大致分为两种风格类型:一类诗歌内含诗人作为隐者的具体的文学形象,情景交融,显现出超然蕴藉、淡泊飘逸的特色,如《归隐》《答使者辞不赴召》《绝句二首》《咏毛女》《饮酒》《赠张乖崖》《赴召答葛守忠》《别麻衣高道》《喜英公大师挂锡太华》《叹世诗二首》《题石水涧》《题西峰》《武当山诗》《华山》《华山游》《冬日晚望》《俞公岩》;另一类诗如《喜睡歌》《辞上归进诗》《退官歌》《对御歌》《石刻诗》《赠种放》《赠金励睡诗》《题落帽峰》《治口齿乌髭药方歌》《无题》等,语言明白畅达,直抒胸臆,重在说理,追求一种直接明快的理趣。

一、淡泊蕴藉　超然飘逸

我们先对第一类诗歌作评析。当陈抟走上归隐山林之路,先是有一首《归隐》云:

> 十年踪迹走红尘,回首青山入梦频。
>
> 紫陌纵荣争及睡,朱门虽贵不如贫。
>
> 愁闻剑戟扶危主,闷见笙歌聒醉人。
>
> 携取旧书归旧隐,野花啼鸟一般春。
>
> （傅璇琮等《全宋诗》）

这首七言律诗以诗人由儒入道的形象进行自叙，概括了红尘间奔走、而后留恋青山的心路历程。诗人希望唤醒一些沉湎于尘世之梦的人，因为执着于名利的人必然多梦，对于修道之人来说，"真人""至人"便是没有梦的。茫茫红尘的十年辛苦奔波后，他深知，荣华富贵、功名显赫只是一场梦，比不上修心炼性的一睡，比不上贫穷但自在的心。

首联擒题，回顾总结十年寒窗苦读、为功名奔走的往事，他排斥追名逐利、荣辱变幻的现实，脑海中如同梦幻般浮现出归隐青山的想法。"回首"二字表明归隐并非一时的心血来潮，而是历经风霜后审慎思考的结果。"频"字强调程度，可见诗人决心之大，情意真切。而此诗最突出的手法是对比，善用各种意象间的对立冲突来进行表达，以下采取多侧面、多角度的对比，突出归隐之乐趣。

颔联说蟒袍玉带、高官紫绶比不上仰卧山林看高山流水、梦游神迷；高甲府第、金银万贯的朱门比不上蓬门茅屋自乐。长睡不醒是对混浊现实的一种反抗。在荣与睡、富与贫的对比中，诗人取其后而弃其前。在诸多对立的意象中，诗人的选择是走向鸟鸣花香、春风和美的归隐之路，从而更能彰显超然脱俗、心寄仙乡的境界。正因如此，征伐之变，使他愁绪顿生；笙歌鼓乐，对他来说都是聒耳噪音。诗人对现实已不抱希望，只求带上熟读多遍的旧书归还隐居的青山，重新与花香鸟语为邻。

诗可以怨，却不能没有真情，在用字上，这首诗能见其强烈的爱憎之情，诗人几乎毫不掩饰。对"扶危主"用"愁闻"，对"笙歌"用"闷听"，犹不解恨，再添一"聒"字。对"野花啼鸟"则用"春"一字修饰，只一字便能为读者展开一幅画卷，简洁却铿锵有力。这就把自己不慕红尘而向往青山净地，只求清贫高睡的态度表现得鲜明决绝。

又如《答使者辞不赴召》一首、《辞召诗》二首：

《答使者辞不赴召》

九重特降紫泥宣,才拙深居乐静缘。

山色深庭供画幛,松声万壑即琴弦。

无心享禄登台鼎,有意求仙到洞门。

轩冕浮云绝尘念,三峰只乞睡千年。

《辞召诗》其一

坐逢圣代即尧年,草泽愚人也被宣。

自笑形骸元懒散,才疏安敢望朝天。

《辞召诗》其二

调和四气凭烧药,修炼千方只要安。

黄阁高官无意恋,闲居佳境胜为官。

"九重特降紫泥宣,才拙深居乐静缘。"上一节我们介绍过此诗的故事背景,皇帝亲自下诏,特派使者征召,但诗人力辞。首句的自叙中"紫泥"借代诏书,脱俗而雅致。接着用具象的语言,描摹"山色""深庭"美如画,赞美松声如琴曲的隐居环境,且这样的景致无不透露着清丽古雅,也只有潜心修行之人才能有这般高尚志趣,将山林间自然之物都化为自己的"画幛""琴弦",其对于修炼隐居生活的自治无以言表。通过强烈的反差对比,申述自己斩断"尘念"、无意仕途,唯有求仙访圣的追求。此诗最富个性的是最后一句,"三峰只乞睡千年"生动刻画了睡仙自己的形象,"千年"是夸张修辞,映照出诗人超然中的那份豪情,既表达了对自己所居的如画如琴的山林的钟爱与眷恋,又表达了对自己潜心修道、绝意尘世的坚定信念,这正是最能凸显陈抟心志的写照。

《辞召诗》二首都是七言绝句,亦是在抒写诗人自己超脱于尘世的状态,第一首以谦逊、自嘲的笔触称自己"愚人""才疏",第二首以自己日常修炼时的"烧药"来起笔,表述自己一心求道而能得以闲居佳境便十分知足。寥寥数语,语言形象生动,风格超然飘逸。

再如《绝句》一首和《律诗》一首:

《绝句》

花竹幽窗午梦长,此中与世暂相忘。

华山处士如容见,不觅仙方觅睡方。

《律诗》

问君世上何事好,无过晓起睡当早。

庵前乱草结成衣,饥餐松柏常令饱。

因玩山石脚绊倒,不能起得睡到晓。

时人尽道臣憨痴,臣自憨痴无烦恼。

这两首诗皆是归隐期间抒写闲适恬静的生活,表达了以山水为乐、怡然自得的隐逸之情。《绝句》的首句"花竹幽窗午梦长",以花竹幽窗之景衬托隐居环境的静谧清雅,以"午梦长"刻画隐居生活的闲适,"与世暂相忘"所描绘的是一种古代文人所追慕的野鹤闲云般的清雅意境。接着通过华山处士对这样生活的羡慕之情,衬托出其在仙乡的自得之乐。陈抟的睡,一方面是一种内丹修炼也就是睡功,另一方面也是通过睡来达到与世相忘的目的。在《律诗》中,也有相应的体现。此诗并不采用修辞,只用浅白如唱词般的诗句描绘着他自己的日常生活,其中情感是带有自嘲性质的轻松明快,乱草便是身上衣,松柏可作餐食,调皮地与山石玩乐却意外绊倒了自己……读之令人忍俊不禁。可是细想,久居高山且终日只关注修炼的诗人,在实际的日常生活里,以我们世俗眼光来看,尤其是对一位老者而言,这样的居住环境难免会存在一些捉襟见肘的问题,乱草、松柏、山石的环境可谓是简陋的,甚至可称为清贫,然而在诗人眼中,不存在丝毫的苦楚,却是"无烦恼"的一身轻松。这样一位高道,却安于淡泊清贫的隐修生活,可见诗人超然的境界。

归隐期间还有《咏毛女》《与毛女游》《华山游》三首诗颇有意趣。

《咏毛女》云:

> 曾折松枝为宝栉,又编栗叶作罗襦。
>
> 有时问著秦宫事,笑捻仙花望太虚。

《与毛女游》云:

> 药苗不满筥,又更上危巅。
>
> 回指归去路,相将入翠烟。

《华山游》云:

> 华阴高处是吾宫,出即凌空跨晓风。
>
> 台殿不将金锁闭,来时自有白云封。

前两首皆为五言绝句,同咏仙女"毛女"。诗人用想象的语言,勾勒出毛女的仙姿,刻画了一个心灵手巧、超凡绝尘的仙女形象。华山之西有毛女峰。关于毛女,《列仙传》记载:"毛女者,字玉姜,在华阴山中,猎师世世见之,形体生毛,自言秦始皇宫人也。秦坏,流亡入山避难,遇道士谷春叫食松叶,遂不饥,身轻如飞,百七十余年。"(王叔岷:《列仙传校笺》,中华书局2007年版)

相传,陈抟与毛女二人在现实中曾相遇、相游,《三洞群仙录》记载:"毛女字正美,隐华山,形体生毛,自言秦时宫人,后流亡入山,道士教食松叶,遂不饥寒,身轻如飞。陈抟常与游,华山樵人多见之。"这段记述未免太过于传奇,可信度不高,不过可以相信的是,毛女能成为诗人歌咏的对象,主要是因为毛女也有着与诗人相似的时代境遇。《咏毛女》中,诗人所虚构的毛女形象,并无对女子妩媚袅娜之态的侧重,反而是以山间的松枝、栗叶这样自然拙朴的意象来衬托毛女的高洁,未写其貌,却给人无限遐思。"笑捻仙花望太虚",这不谙世事的仙风道骨,是修道之人最能产生共鸣的情愫,他们认为人只有摆脱对尘世的留恋,才能获得自在与逍遥。《与毛女游》通过淡雅平实的语言,描写与毛女仙游的一幅清丽画卷,"回指归去路,相将入翠烟"书写物我合一、亦真亦幻之境。《与毛女游》《华山游》都属于游仙诗,两首都能抓住最具典型性的意象,构筑飘逸闲雅的意境,从而真切地表达对仙居生活的钟爱之情。《华山游》借助华山崇山峻岭的意象,采用虚实相生之手法,从实景虚构出游仙幻象,勾画出诗人自己以山峦为宫殿、"凌空跨晓风"的气魄,最末又以周围缭绕的白云收尾,仙气飘飘,意境深远。

历代高道名士往往隐于山泉林壑,钟情于名山大川,陈抟也不例外。他一隐华山便是二十年,以石为枕,以山为殿,因此,对于山水总有一种超乎寻常的眷恋。对山林的咏叹、对自然的向往,后来也普遍成为宋代士人摆脱尘世羁绊、获得精神寄托的途径,并由此形成自然平淡、超然空灵的审美志趣。这一点在以下几首描写山水的诗中尤为突出。

《华山》：

> 半夜天香入岩谷，西风吹落岭头莲。
> 空爱掌痕侵碧汉，无人曾叹巨灵仙。

《题石水涧》：

> 银河洒落翠光冷，一派回环淡晚晖。
> 几恨却为顽石碍，琉璃滑处玉花飞。

《题西峰》：

> 为爱西峰好，吟头尽日昂。
> 岩花红作阵，溪水绿成行。
> 几夜碍新月，半山无夕阳。
> 寄言嘉遁客，此处是仙乡。

《冬日晚望》：

> 山鬼暖或呼，溪鱼寒不跳。
> 晚景愈堪观，危峰露残照。

《俞公岩》(又名《隐武当山诗》):

> 万事若在手,百年聊称情。
>
> 他时南面去,记得此山名。

《饮酒》:

> 春暖群花半开,逍遥石上徘徊。
>
> 曾垂玉勒金阙,闲踏青山碧苔。
>
> 洞中睡来几载,流霞独饮千杯。
>
> 逢人莫说人事,笑指白云去来。

《书经·禹贡篇》记载,华山系"轩辕黄帝大会群仙之所",作为道教修炼圣地,环境险峻而清幽,是"招邀真圣,总集仙灵"的都会。作为道教人士,获得生命的永恒与解脱是每个修炼者的理想,因此深居简出,较少与世人交往,只与高人隐士聚游于华山之间。诗人以豪放的笔墨,勾勒出华山的巍峨险峻直逼云天。利于修道的山中景色自然多为清幽静谧,而他《题石水洞》却敏锐捕捉到山间的动态美,灵动至极,比如"银河洒落""琉璃滑""玉花飞",动静结合、以动衬静,色彩、声响、动静都集中于此诗,想来也是隐士惬意时光中的别致一景。他还以红花、碧水映衬华山风光之旖旎,"岩花红作阵,溪水绿成行"。寄情山水,以白云为友、以仙乡为伴,表现了一个道徒高隐不以尘世为累的自得自在之乐,以及自己"无意求名、有心慕道"的隐士志趣。《冬日晚望》体裁为五言古体诗,冬季景色往往寂静肃穆,而诗人却仍是以欣赏之眼光洞悉周遭一切自然物。而《俞公岩》除了山水之外更体现出陈抟的雄心壮志,在乱世中,一位长居仙山的隐士却能发出如此磅礴大气的感慨可见是有怎样的志气与信心。《饮酒》是陈抟居于古云台观期间的一个春天所作。相传,当时赤松子、壶公、吕洞宾相继而至,与陈抟相会,一壶陈酒,四人饮酌半酣,各赋诗一首以助兴。看来曾经"睡来几载"又"独饮千杯"的陈抟早已与青山碧苔、流霞白云为友了。而吕洞宾诗云:"落魄直至此来,曾经几度花开。闷便着钱沽酒,恣意千杯万杯。闲游二十八天,醉上茅君醮台。逢人莫说人事,笑指白云去来。"吕洞宾诗作始言"落魄"、又语"恣意",难免显露出失意文人的矫情自矜,相较而言,陈抟诗作更有仙家气派,其豁达、简朴而超越功利的心态表露无遗。

上述几首诗都是吟咏山水的诗歌,诗人久居于此,对自然山水一草一木的状态与特征自然是有精准的理解,所以在描写景物时信手拈来,并且,精妙之处在于能契合自己的隐居修炼生活意趣。

即便是在以赠答抒怀为题材的诗歌中,诗人也时常带有其浓厚的融情于景、借景抒情的文学特色。

比如《赠张乖崖》:

自吴入蜀是寻常,歌舞筵中救火忙。

乞得金陵养闲散,也须多谢鬓边疮。

(傅璇琮等《全宋诗》)

《赴召答葛守忠》:

鹤氅翩翩即散仙,蒲轮争忍利名牵。

留连华岳伤心别,回顾云台望眼穿。

涉世风波真险恶,忘机鸥鸟自悠然。

三峰才欲和衣倒,又被天书下日边。

(元张辂《太华希夷志》)

《留别山中麻衣道友》：

华岳峰前两路分,数间茅屋一溪云。

师言耳聩持知久,人是人非闻未闻。

(元张辂《太华希夷志》)

《辞歌女》：

雪为肌体玉为腮,多谢君王送得来。

处士不兴巫峡梦,空烦神女下阳台。

(明冯梦龙《喻世明言》)

《喜英公大师挂锡太华》：

暗喜莲峰作近邻,拨开云雾见师频。

有时问个艰难字,便沐周旋说与人。

唐李监应留后迹,汉蔡邕想是前身。

堪嗟继踵无徒弟,笔法收藏在渭滨。

(傅璇琮等《全宋诗》)

这几首赠答诗的背后故事与陈抟当时的心境,在上一节中已有所提及并作大致说明。《赴召答葛守忠》中所贯穿的融情于景最有其隐者特色,诗中所有景物无不是带有诗人当时的思绪,他早已寄情于自然,而自然界万物皆可化作其表白心迹的介质。陈抟虽有经世之才,但是他却潜心于林泉云霞、愿作"鸥鸟","抱道山中,洗心物外;养太素浩然之气,应上界少微之星;节配巢、由,道遵黄老;怀经纶之长策,不谒王侯;蕴将相之奇才,未朝天子"。

"陈抟的隐逸是真隐,是对功名富贵的真超越,故情怀高雅,诗风飘逸。"①作为数征不起、寄情山水的隐逸诗人,陈抟诗中确实没有一丝像晚唐诗人贾岛和姚合"一吟双泪流"那样的乞怜相。不同于贾、姚的末世之音,他的作品所蕴含的,一直是隐士的不以尘世所累的安然与超脱,这一点从未改变过。

二、明白畅达 富于理趣

而陈抟诗歌中第二类风格,在于明白畅达的遣词,富于理趣的意旨。《喜睡歌》《辞上归进诗》《退官歌》《对御歌》《石刻诗》《赠种放》《赠金励睡诗》等就是这类诗歌。

从北宋《书邛州天庆观希夷先生诗后》中的一段话,我们也可略窥一二:"先生本儒人,既繇虚无,凡作歌诗,皆摆落世故,披聋刮盲,蹊穴易知。每一篇坠尘中,虽市人亦讽诵不休,谓真关秘区,若可自到。"②可见,北宋时期便对陈抟诗歌有了通俗易懂的评价,就这一点,确实与寻常文人雅士诗词有别;然而,正是因为平易的风格,他的故事、他的诗歌得以"坠尘",更易在民间流传,对于当时的民众与后世的学子来说,

---

① 马茂军、张海沙:《困境与超越——宋代文人心态史》,河北教育出版社 2001 年版,第 21 页。
② 曾枣庄等:《全宋文》第 51 册第 1104 卷,上海辞书出版社、安徽教育出版社 2006 年版,第 112 页。

这何尝不是一桩幸事！

比如《喜睡歌》：

> 我生性拙惟喜睡，呼吸之外无一累。宇宙茫茫总是空，人生大抵皆如醉，劳劳碌碌为谁忙，不若高堂一夕寐。争名争利满长安，到头劳攘有何味？世人不识梦醒关，黄粱觉时真是愧。君不见，陈抟探得此中诀，鼎炉药物枕上备。又不见，痴人说梦更认真，所以一生长愦愦，睡中真乐我独领，日上三竿犹未醒。①

正如当代学者杨建波的点评，我们可领略到陈抟诗中"因睡意融融而别具一番趣味，他刻画的憨态可掬又潇洒傲岸的睡仙形象，在中国文学史上也算是绝无仅有的"②。这首诗开门见山，直接表达自己的性拙喜睡的生活习惯以及所倡导的人生态度。然后从生活中多方面来阐释宇宙茫茫总是空、人生大抵皆如醉的尘世生活本质。喜睡，既是对现实生活的反叛形式，又是对其内丹道学的践行方法。在最末表露出独领睡中真乐的人生态度，颇有类似"众人皆醉我独醒"的超群之风。诗歌语言明快，用语通俗易懂，理性趣味浓厚。

又如《辞上归进诗》：

> 草泽吾皇诏，图南抟姓陈。
>
> 三峰千载客，四海一闲人。
>
> 世态从来薄，诗情自得真。

① （元）张辂：《太华希夷志》，见张继禹：《中华道藏》第 48 册，华夏出版社 2004 年版，第199 页。

② 杨建波：《道教文学史论稿》，武汉出版社 2001 年版，第 325 页。

乞全麋鹿性,何处不称臣。

(宋王辟之《渑水燕谈录》卷四)

作为一个胸内含天下、学术盖千古的人物,陈抟的豪迈肆意也时常展现在他的诗作中。首联"草泽吾皇诏,图南抟姓陈"用词通俗、口语化,意义明朗。颔联"三峰千载客,四海一闲人",以衬托手法突出自己远离世俗红尘而独有闲适宁静,读之感到语义铿锵,透露着一份傲骨与不群。闲适并不代表避世,只是功名之心以淡然之气出之,颇有老庄之风。其境界之广阔,气魄之博大,直有唯我独尊的情怀。颈联"世态从来薄,诗情自得真"一针见血地指出世态炎凉、人情淡薄的现实,而希望脱离世俗以保持纯真自然的本性。尾联明确表达辞上归进的坚定愿望。

再如《退官歌》:

道能清,道能静,清静之中求正定。不贪不爱任浮生,不学愚迷多悭吝。时人笑臣不求官,官是人间一大病。官卑乃被人管辖,官高亦有人趋佞。或往秦,或经郑,东来西去似蝇蚋。直至百年不曾歇,算来争似臣清静。月为灯,水为镜,长柄葫芦作气命。出入虽无从者扶,左有金龟右鹤引。朝日睡,常不醒,每每又被天书请,时人见臣笑呵呵,臣自心中别有景。天苍苍,地宁宁,长江后浪推前澄,人生七十古来稀,岂有百岁任大臣。恳请圣上复酌议,放愚归山乐睡城!

(元张辂《太华希夷志》)

《对御歌》:

　　臣爱睡，臣爱睡，不卧毡，不盖被。片石枕头，蓑衣覆地，南北任眠，东西随睡。轰雷掣电泰山摧，万丈海水空里坠，骊龙叫喊鬼神惊，臣当恁时正鼾睡。闲想张良，闷思范蠡，说甚曹操，休言刘备，两三个君子，只争些小闲气。争似臣，向清风岭头，白云堆里，展放眉头，解开肚皮，打一觉睡，更管甚，红轮西坠。

（傅璇琮等《全宋诗》）

　　两首杂言古体诗，首先最显著的特色是全然打破了格律限制，节奏如同唱白、相当灵活，三言、四言、五言、六言、七言，信手拈来、浑然天成，正像是其醒时梦时交替中随性而发的、长长短短的闲言呓语。

　　《退官歌》中"官是人间一大病"一句振聋发聩，仿若对世人发出的警句。这让人联想起《红楼梦》中立于街巷的跛足道人所唱念的那首《好了歌》，同样是采用了妇孺皆能通晓的白话。从宗教的观点看，建功立业、发财致富，只是被欲念所蒙蔽尚不"觉悟"的缘故。这首诗以通俗浅近的语言来阐释官场之荒谬，表述退意之坚决。

　　《对御歌》中"闲想张良，闷思范蠡，说甚曹操，休言刘备。两三个君子，只争些小闲气"一句直有上天入地而睥睨千古的豪气。正如其"万事若在手"的自许，对三国英雄功业不以为意的那份傲岸，在这首辞召诗中不经意间流露出来。这样的诗风，是"谁谓天地宽，出门皆有碍"的晚唐贾姚等人的末世之音无可比拟的。从美学上说，同期诗人对穷困的理解止于形而下的层面，沉沦于感性上的困顿，因此往往内涵肤浅、境界褊狭。而陈抟将"片石枕头，蓑衣铺地"的拙朴，与对"道"的认识和探寻相勾连，因此具有了形而上的超脱，进而才有豪迈之言。通篇用词浅白至极、朗朗上口，即便是用典也相当克制，只是列举几位家喻户晓的历史人物。这样的明白畅达与豪迈洒脱,也是陈抟诗歌超凡绝尘的魅力之一。

而他在吟咏山水时,也有极其通俗浅白的诗作。

比如《题落帽峰》:

> 我爱武当好,将军曾得道。
>
> 升举入云霄,高岭名落帽。
>
> (元刘道明《武当福地总真集》卷下)

东汉明帝入华山及武当山,巡游武当诸峰时,白日上升,落帽于武当山峰之上,后人谓之落帽峰。落帽峰位于今天的中笔峰和天柱峰之间。因有史籍云戴孟是汉武帝时的将军,所以陈抟这里称将军得道。

不同于寻常文人骚客的是,陈抟同时也是一位"医科文学"作者,他所留下的文字,或许还带有独特的实用价值,兼具工具性与审美性。作为一代高道,他在道家医药学、养生学方面造诣深厚,不仅追求自身的修炼与长生久视,还力图将药方传给后学,至今仍有他的流传甚广、朗朗上口的中药歌诀。

比如《治口齿乌髭药方歌》:

> 猪牙皂角及生姜,西国升麻蜀地黄。木律旱莲槐角子,细辛荷蒂要相当。青盐等分同烧煅,研煞将来使最良。揩齿牢牙髭鬓黑,谁知世上有仙方。
>
> (元张辂《太华希夷志》卷下)

元许国祯《御药院方》卷九曰:"(进华山陈希夷先生牢牙乌发鬓

药,原在碑记上有此方)……上件十味各二两,除青盐一味外,其余药味并锉碎,用一新瓦罐儿内尽盛其药,又用瓦子盖合,罐儿口子以麻索子系定,上用盐泥固济,约厚半寸许。晒干,穿一地坑子,方阔二尺,约深七寸,先放一新方砖,后安放药罐子,以口向下坐,用木炭火一和烧令透,后青烟出,稍存其性。去火,放经宿,取药出,煞研为细末。每用刷牙子蘸药少许刷上下牙齿,次用温水漱之,每日早晨、临卧时用一次于内。旱莲叶如马齿花,如星宿。升麻形如鸡骨,其色青绿。"

简而言之,这是一首教导人们如何固齿乌发的歌诀。配方为猪牙、皂角、生姜、升麻、熟地黄、木律、旱莲、槐角子、细辛、荷蒂(注:荷蒂,别名荷叶蒂、荷叶心,剪荷叶心子也)。此方被刻在石碑上,后被收入《御药院方》。用药末刷牙,既固齿又乌发。齿、发都为肾所主,所以可通过治齿,既黑发又壮肾。方中猪牙皂、青盐洁齿增白,固齿止痛;熟地黄、旱莲草补肾填精,固齿乌发;升麻、木律消胃泻火,消肿止痛;细辛通窍止痛;荷叶升阳去湿化浊;槐角清热泻火,凉血止血。诸药合用,有固齿乌发、明目功效。此药方歌不重修辞,着重的是方剂、用法、疗效的有机结合,体现了日常生活需要的工具性、大众(包括非知识阶层)理解的浅白性。

而长期浸润于隐修生活的陈抟,对出世入世矛盾的那种深入的洞察与思考,也体现在明白畅达风格的诗作中,并不晦涩、并不虚无,只是实在地表述自己的经验与观点,似乎希望能有更多人领会这样的感悟。

比如《赠种放》:

事不关身皆是累,心源未了几时闲。

须将未了并身累,吩咐他人入旧山。

(宋蔡正孙《诗林广记》)

《石刻诗并序》：

　　因攀奉县尹尚书水南小酌回，舍辔特叩松扃，谒高公。茶话移时，偶书二十八字。道门弟子图南上：

　　我谓浮荣真是幻，醉来舍辔谒高公。

　　因聆玄论冥冥理，转觉尘寰一梦中。

（宋陆游《老学庵笔记》卷六）

《无题》：

　　我见世人忙，个个忙如火。

　　忙者不为身，为身忙却可。

（元王恽《秋涧大全集》卷九六引《玉堂嘉话》）

　　这几首的语言既通俗易懂，又富有说理意味。开门见山提出自己的观点，理性色彩浓厚。陈抟面对世俗众生忙碌奔波之态，提笔写下了自己的思索、质疑，反映了其所处时代众人徘徊于入世与出世之间的龃龉。由于陈抟得到宋太宗的借重而名满天下，所以其诗歌对时人影响颇大，后来宋诗力求平淡、以理趣见长，这样的艺术特色蔚然成风，如追溯其发展源头，便与陈抟等宋初诗人的诗作有非常紧密的关联。

　　又如《赠金励睡诗》二首：

其　一

常人无所重，惟睡乃为重。举世此为息，魂离神不动。觉来无所知,知来心愈用。堪笑尘世中,不知梦是梦。

其　二

至人本无梦,其梦本游仙。真人本无睡,睡则浮云烟。炉里近为乐,壶中别有天。欲知睡梦里,人间第一玄。

(傅璇琮等《全宋诗》)

在陈抟的理论体系中,睡觉不但可以遣怀解忧,更是能够修炼悟真、感受玄理的途径。《赠金励睡诗》二首又是以睡觉作为主题。与庄子《齐物论》所述"大觉"之论一脉相承,由此二首,诗人勾勒出了"真睡—无梦—仙游"的相忘仙游境界。"至人之睡"是陈抟创新的一种内丹修炼法,通过安卧静养、凝神静气,元气自运于体内、阳神出游于碧空,达到修炼的目的。陈抟的说理诗有通俗易懂、语言浅显的特点,同时又有魏晋玄言诗的味道,而这开了其弟子邵雍等人以诗谈性论道的先河。

第四节　作品精选

一、隐逸诗

《归隐》

十年踪迹走红尘,回首青山入梦频。

紫陌纵荣争及睡,朱门虽贵不如贫。

愁闻剑戟扶危主,闷见笙歌聒醉人。

121

携取旧书归旧隐,野花啼鸟一般春。

《咏毛女》

曾折松枝为宝栉,又编栗叶作罗襦。

有时问著秦宫事,笑捻仙花望太虚。

《对御歌》

臣爱睡,臣爱睡,不卧毡,不盖被。片石枕头,蓑衣覆地,南北任眠,东西随睡。轰雷掣电泰山摧,万丈海水空里坠,骊龙叫喊鬼神惊,臣当恁时正鼾睡。闲想张良,闷思范蠡,说甚曹操,休言刘备,两三个君子只争些小闲气。争似臣,向清风岭头,白云堆里,展放眉头,解开肚皮,打一觉睡,更管甚,红轮西坠。

《辞上归进诗》

草泽吾皇诏,图南抟姓陈。

三峰千载客,四海一闲人。

世态从来薄,诗情自得真。

乞全麋鹿性,何处不称臣。

《华山游》

华阴高处是吾宫,出即凌空跨晓风。

台殿不将金锁闭,来时自有白云封。

《喜英公大师挂锡太华》

暗喜莲峰作近邻,拨开云雾见师频。

有时问个艰难字，便沐周旋说与人。

唐李监应留后迹，汉蔡邕想是前身。

堪嗟继踵无徒弟，笔法收藏在渭滨。

《绝句》

花竹幽窗午梦长，此中与世暂相忘。

华山处士如容见，不觅仙方觅睡方。

《律诗》

问君世上何事好，无过晓起睡当早。

庵前乱草结成衣，饥餐松柏常令饱。

因玩山石脚绊倒，不能起得睡到晓。

时人尽道臣憨痴，臣自憨痴无烦恼。

《饮酒》

春暖群花半开，逍遥石上徘徊。

曾垂玉勒金阙，闲踏青山碧苔。

洞中睡来几载，流霞独饮千杯。

逢人莫说人事，笑指白云去来。

《无题》

我见世人忙，个个忙如火。

忙者不为身，为身忙却可。

二、辞召诗

《辞歌女》

冰肌为骨玉为腮,多谢君王送到来。

处士不生巫峡梦,空劳云雨下阳台。

《答使者辞不赴召》

九重特降紫泥宣,才拙深居乐静缘。

山色满庭供画幛,松声万壑即琴弦。

无心享禄登台鼎,有意求仙到洞天。

轩冕浮云绝尘念,三峰只乞睡千年。

《辞召诗之坐逢圣代即尧年》

坐逢圣代即尧年,草泽愚人也被宣。

自笑形骸元懒散,才疏安敢望朝天。

《辞召诗之调和四气凭烧药》

调和四气凭烧药,修炼千方只要安。

黄阁高官无意恋,闲居佳境胜为官。

《赴召答葛守忠》

鹤氅翩翩即散仙,蒲轮争忍利名牵。

留连华岳伤心别,回顾云台望眼穿。

涉世风波真险恶,忘机鸥鸟自悠然。

三峰才欲和衣倒,又被天书下日边。

《叹世诗》

其　一

玉漏将残月色沉，一声清响透寒音。

能催野客思乡切，暗送离人起恨深。

其　二

窗下惊开名利眼，枕前唤觉是非心。

皇王帝霄皆经此，历代兴亡直至今。

《辞职叹世诗》

南辰北斗夜频移，日出扶桑又落西。

人世轻飘真野马，名场争扰似醯鸡。

松篁郁郁冬犹秀，桃李纷纷春渐迷。

识破邯郸尘世梦，白云深处可幽栖。

《退官歌》

　　道能清，道能静，清静之中求正定。不贪不爱任浮生，不学愚迷多悭吝。时人笑臣不求官，官是人间一大病。官卑乃被人管辖，官高亦有人趋佞。或往秦，或经郑，东来西去似蝇蚓。直至百年不曾歇，算来争似臣清静。月为灯，水为镜，长柄葫芦作气命。出入虽无从者扶，左有金龟右鹤引。朝日睡，常不醒，每每又被天书请，时人见臣笑呵呵，臣自心中别有景。天苍苍，地宁宁，长江后浪推前澄，人生七十古来稀，岂有百岁任大臣。恳请圣上复酌议，放愚归山乐睡城！

《喜睡歌》

我生性拙惟喜睡，呼吸之外无一累。宇宙茫茫总是空，人生大抵皆如醉，劳劳碌碌为谁忙，不若高堂一夕寐。争名争利满长安，到头劳攘有何味？世人不识梦醒关，黄粱觉时真是愧。君不见，陈抟探得此中诀，鼎炉药物枕上备。又不见，痴人说梦更认真，所以一生长惯惯，睡中真乐我独领，日上三竿犹未醒。

三、山水诗

《俞公岩》（又名《隐武当山诗》）

万事若在手，百年聊称情。

他时南面去，记得此山名。

《题石水涧》

银河洒落翠光冷，一派回环淡晚晖。

几恨却为顽石碍，琉璃滑处玉花飞。

《冬日晚望》

山鬼暖或呼，溪鱼寒不跳。

晚景愈堪观，危峰露残照。

《题西峰》

为爱西峰好，吟头尽日昂。

岩花红作阵，溪水绿成行。

几夜碍新月，半山无夕阳。

寄言嘉遁客，此处是仙乡。

《华山》

半夜天香入岩谷，西风吹落岭头莲。

空爱掌痕侵碧汉，无人曾叹巨灵仙。

《石刻诗》

我谓浮荣真是幻，醉来舍辔谒高公。

因聆玄论冥冥理，转觉尘寰一梦中。

《与毛女游》

药苗不满笥，又更上危巅。

回指归去路，相将入翠烟。

《华山游》

华阴高处是吾宫，出即凌空跨晓风。

台殿不将金锁闭，来时自有白云封。

四、赠答诗

《赠金励睡诗》

其　一

常人无所重，惟睡乃为重。

举世此为息，魂离神不动。

觉来无所知，知来心愈用。

堪笑尘世中，不知梦是梦。

其 二

至人本无梦,其梦本游仙。

真人本无睡,睡则浮云烟。

炉里近为乐,壶中别有天。

欲知睡梦里,人间第一玄。

《赠张乖崖》

自吴入蜀是寻常,歌舞筵中救火忙。

乞得金陵养闲散,也须多谢鬓边疮。

《留别山中麻衣道友》

华岳峰前两路分,数间茅屋一溪云。

师言耳聩持知久,人是人非闻未闻。

《赠种放》

事不关身皆是累,心源未了几时闲。

须将未了并身累,吩咐他人入旧山。

《题落帽峰》

我爱武当好,将军曾得道。

升举入云霄,高岭名落帽。

五、歌诀及残句两联

《治口齿乌髭药方歌》

猪牙皂角及生姜,西国升麻蜀地黄。

木律旱莲槐角子，细辛荷蒂要相当。

青盐等分同烧煅，研煞将来使最良。

揩齿牢牙髭鬓黑，谁知世上有仙方。

《残句》

其　一

蚕月桑叶青。莺时柳花白。

其　二

万顷白云独自有，一枝仙桂阿谁无。

附录

一、关于民间传说

本书侧重于陈抟学术相关记载及解析，然而，那些未在正史中出现却广泛流传于民间的种种传奇轶事或小说情节，也是难能可贵的素材，为我们生动地描摹出这位距离如今千余年之久的思想巨匠不同的侧面——或洞若观火，或预知天机，或仁心仁术……这些绮丽多彩的片段，给今天的人们带来了超出学术范畴的遐思，因而附列于此。

1. 志同道合两仙翁

陈抟的师友都是一些高道、异僧、鸿儒隐士，他们隐居深山，密切往来，共同探索以道众为基础的高深理论。

其中八仙之一的吕洞宾，是家喻户晓的仙界人物。他们同是生活在唐末至宋初时期。可以看出他俩彼此之间有诸多相同的地方：相同的社会经历、相同的时代背景、相同的思想观点、相同的政治抱负。

吕洞宾，名岩，号纯阳子，世称吕祖或纯阳祖师。河中府永乐（今山西永济市）人，出身官宦名门，聪明过人，读书过目成诵。唐会昌中赴长安举进士落第后，云游四方，广交天下朋友，在长安遇到高道钟离权,随他入终南山。吕洞宾来到钟离权隐居处,钟离权做黄粱米饭来招待他,而他觉得有些困倦,钟离权取出枕头说:"这是'如意枕',枕上它入睡,可以得到你的理想。"于是他枕着枕头入了梦乡,梦见自己中了状元,做了高官,娶了贵妻,政绩卓著,升为宰相,金玉满堂,享尽荣华富贵,突然犯了大罪,抄没家产,妻离子散,孤苦伶仃,穷困潦倒。又遇一队人马捉拿他,吓得他出了一身冷汗,从梦中惊醒了。钟离权开导说:"黄粱米饭未熟,梦境就结束了,须知人生如同一场梦,醒来方知一场空。"吕洞宾从此更加醒悟,富贵不必苦追求,求到了也不过一场黄粱梦而已。于是拜钟离权为师,隐居终南山修道。

吕洞宾回家将全部家产分散给穷苦百姓,写诗一首,归隐终南山。诗云:

> 摔碎葫芦踏碎琴,飘然拂袖出儒门。
> 太初实相真如玉,元始真如莹如金。
> 丹焰冲天神莫测,剑锋入地鬼难寻。
> 自从一觉黄粱后,始信从前枉用心。

钟离权授吕洞宾以《大道天遁剑法》《龙虎金丹秘文》,教以剑术、丹法。

而陈抟"举进士不第",遂不求禄仕,云游四方,寻仙访道。在山东云门山,适遇高道孙君仿、鹿皮处士点化,看破红尘,回到家乡,父母双亡,他把全部家业分给乡里穷人,归隐武当山,后又移居华山。

《宋史·陈抟传》说:"关西逸人吕洞宾,有剑术,百余岁而童颜,步履轻疾,顷刻数百里,世以为神仙。皆数来抟斋中。"他经常与陈抟在华山论道。

据《异林》记载:宋初某年,华州太守陈尧佐拜谒陈抟。因当时陈抟隐居华山,道著德重,名人学士、官宦大臣时来问道拜谒,名播海内。一日,张三丰从太守登华山拜谒陈抟先生,陈抟先生行宾主之礼后就座,但又在卧榻之左设座,似有所待。太守不解其意,唯耐心以观其详多时,等待来一道人,蓝袍葛巾,神意傲然,陈抟恭敬,揖让就座之后,两人谈天说地,什么两仪三才、五行四象、易经八卦等皆为方外之事,太守想到自己身为堂堂一州太守,陈抟竟未让自己上座,而冷置于一旁,甚为不快。两人谈笑已毕,道人从袖里摸出三粒枣,一红、一白、一青,并说道:"来时仓促,未带礼物,唯有三枣,就此分食吧。"即以红自食,以白授陈抟,以青与太守。太守见是青枣,以道人对己不逊而厌之,即随手给了随从张三丰。张三丰随即食下。顷刻之间,即觉自身似置蒸笼之内,体内受到一股热浪的冲击。恰好门外有一池清水,明澈如镜,张三丰不假思索,跳进水池,以解曝热之苦。出水后,顿觉身轻体健。这时,道人与陈抟作礼而别,倏然不见。太守呆若木鸡,问其故,陈抟曰:"太守有所不知,此道人即抟友吕纯阳仙人也。其三枣者,仙枣也,分上、中、下三种,量质而食,大人身为凡身俗骨,只能食其青枣。其修身之道,不可一步登天,只能循序渐进,欲速则不达。那红枣,若抟修炼数纪,尤不可食,何况大人乎?"太守闻抟此言,真相大白,深为自己失此机缘而懊悔不已。

从文中陈抟见吕洞宾避尊位之举来看,陈抟对吕洞宾是很尊敬的。

在吕洞宾由终南山移居到华山之后,两人朝夕相处,志同道合,建立了深厚的情谊,结为师友,同参大道,共探内丹奥秘。后来吕洞宾把无极图传给了陈抟。他在此基础上进行改进、发展、完善,创造性地绘制成新的无极图,被道教奉为无上至宝。

后来,吕洞宾要外出访友,陈抟同他告别,二人依依不舍。吕洞宾

敬慕陈抟受到三朝四君的诏见,声震朝野,写诗《赠陈抟》称赞:

> 青霄一路少人行,休叹兴亡事不成。
>
> 金榜因何无姓字,玉都必是有仙名。
>
> 云归大海龙千岁,月满长空鹤一声。
>
> 深感宋朝圣明主,屡颁丹诏诏先生。

当吕洞宾云游四方再次回到华山,陈抟已羽化登仙了。吕洞宾恸哭不已,又写《哭陈抟》诗一首,以示悼念:

> 天网恢恢万象疏,为君箴到华山区。
>
> 寒星没后留残月,春雪来时问太虚。
>
> 三洞真人归紫府,千年老鹤化苍梧。
>
> 自从遗却先生后,南北东西少丈夫。

吕洞宾对陈抟评价很高。他们并非一般私人交情,而是共同开创道教内丹修炼术,道行高深,为人景仰。

他们二人对道教思想的发展都作出突出贡献,被尊称为"纯阳孚佑帝君"和"陈抟老祖",不是偶然的。两位长寿仙翁的奇行逸事,一直流传民间,名声若日月。

2. 华山师友显神通

陈抟师友中,除了以上所述的吕洞宾,还有不少独领风骚的高尚之士。他们既精内丹道术,又通佛法禅功,兼有儒家学术思想,这些人构成了道教华山学术圈。

孙君仿、獐皮处士

《宋史·陈抟传》说:"自言尝遇孙君仿、獐皮处士,二人者高尚之人也。语抟曰:'武当山九室岩可以隐居。'抟往栖焉。"这一记载亦见于《历世真仙体道通鉴》卷四十七,文句类似,唯"獐皮处士"作"鹿皮处士"。从《宋史》《历世真仙体道通鉴》的记载来看,孙君仿、獐皮处士系陈抟的师辈,陈抟对他俩颇为尊重,因此才听从他俩的指引,隐居武当山九室岩。然而文中并未明确指出陈抟与他俩有师承关系。考孙君仿与獐皮处士二人,系五代、宋初时期活跃于北方一带的高道。

何昌一

何昌一是隐居西蜀(四川)邛州天师观的高道(人称"高公"),道术高深,精通内丹善"锁鼻飞精术"(其生平无考)。陈抟慕其名前往天师观拜何昌一为师,遂留此学炼"锁鼻术"。

谭峭

谭峭,字景升,福建泉州人,著名道教思想家。撰有《化书》六卷。他认为统治者的剥削压迫是造成庶民痛苦社会动乱的基本因素,指出"统治者应用道化、术化、意化、仁化、食化、俭化以医治社会弊病,实现天下太平"。

谭峭、陈抟互为师友,同出邛州何昌一门下,两人志同道合,关系极为密切,在思想行持上,谭、陈有相当多的共同处。在谭峭的《化书》中,突出表现了一切事物都在永恒变化的自然观。书中称世界的本源是"虚","虚化神,神化气,气化形",最后复归于虚。谭峭说:"古圣人穷通塞之端,得造化之源,忘形以养气,忘气以养神,忘神以养虚。虚实相通,谓之大同。"这种虚实相通(即形神统一)的"大同"和陈抟"无极图"的"还虚"同属一个精神领域。

麻衣道者

麻衣道者,姓李名和,道号初阳,河南内乡人氏,生而神异,绀发美姿,入终南山静修"遇尹文始,传以道要并相法"。麻衣道者精通易学,尤精于相法术数。

宋代章炳文描述此人特点:"麻衣道者,常以麻辫为衣,蓬面积垢秽,然颜若童稚,双眉凝碧",冬、夏常穿麻衣,故号"麻衣子"。

王象之《舆地纪胜》载:"麻衣道者曾与陈抟同在普州崇龛修道,常游天池(在今四川安岳县境内)。陈抟与麻衣道者朝夕相处,辟谷修炼。"

陈抟称赞麻衣道者:"道德高杰,学通天人,至于知人,尤有神仙之鉴。"(钱希白《洞岳志》)

钟离权

钟离权,字云房,籍贯咸阳,乐于寻仙访道,经常活动在以华山为中心的山林之中,为吕洞宾之师,也为陈抟之师。有零星史料可证其为唐末五代时人。宋释志盘《佛祖统记》卷四十二说,钟离权后于五代后汉时"避乱入终南山,得前人留藏的《灵宝经》"。他发现,内中此学宇宙万物生成,天地阴阳升降之理,在于阴中有阳,阳中含阴。这种阴阳相抱的学说,正是陈抟太极图的理论基础。

钟离权神奇莫测,能卜知过去未来。陈尧咨,北宋阆中人,咸平年间进士,历官武信军节度使等职,赴荆南时,过谒陈抟先生,坐中有道人头绾蟹髻(梳在头顶两旁的发髻),神态自若、气宇轩昂,使人肃然起敬,陈尧咨深异之,问曰:"去者何人?"抟曰:"钟离子也。"

3. 与赵匡胤、赵光义兄弟之间的传奇

据说陈抟很早就认识赵匡胤、赵光义兄弟,并且已经看出他俩有一统天下的帝王气象,如"两个天子一担挑""一文钱难倒英雄汉""弈棋

赢华山""长安会二主"等一系列民间传说,大致都是讲宋朝开国前陈抟与赵匡胤、赵光义交往的故事。

"两个天子一担挑"

五代后唐末年,北方的契丹大举侵犯中原,干戈扰攘,民不聊生,百姓流离失所,拖儿带女纷纷南逃。一天,隐居武当山修炼的陈抟忧心忡忡,决定下山看看逃难的民众。在一条大路上,他看见一位中年妇女,挑着两个竹筐,一边坐着一个男孩。他一眼就看出这两个男孩非同凡响,有帝王气象,遂慈颜微笑,拦住那位妇女。那位疲惫不堪的妇女放下担子,一边擦着汗水,一边怯怯地问:"仙师有何指教?"陈抟拱手道贺道:"夫人好福气!"妇女不解地说:"夫君在军中无暇顾及家眷,我们母子三人逃难至此,衣食无着,性命不保,哪有什么福气?仙师为何出此戏言?"陈抟没有多说,拿出些银两,周济那位妇女,让她好好抚养两个孩子。陈抟随后面对过往的人群,开口吟道:"谁说当今无真主,两个天子一担挑。"说完飘然而去。这两个男孩就是后来的宋太祖赵匡胤和宋太宗赵光义,那位妇女就是后来的杜太后。

"一文钱难倒英雄汉"

一天,陈抟正在华山高卧,忽然耳热眼跳,掐指一算,未来的天子有难,已经来到华山脚下。原来赵匡胤在家乡打死了人,闯下大祸,官府到处捉拿,他东躲西藏,潜逃至此。陈抟装扮成农夫,挑起两筐桃子下山,迎面碰到赵匡胤。赵匡胤饥饿难耐,便问道:"老人家,你挑的桃子能卖点给我吃吗?"陈抟说:"我的桃子本来就是卖的,你吃吧。"赵匡胤饥不择食,狼吞虎咽地吃起来。过了一会儿,赵匡胤抬起头来,问道:"我吃了多少桃子?要多少钱?"陈抟说:"你这个大汉真能吃,吃了半大筐,没个数。图个吉利吧,我只要一文钱。"赵匡胤很高兴,可浑身一摸,一文钱也没有。他羞愧难当地望着陈抟,纳首便拜。陈抟急忙扶起他，长叹一声道："真是一文钱难倒英雄汉啊！"陈抟定定地看着赵匡胤说道："看你五官气色，有凶祸在身，好比龙困泥沼，虎落平阳，处在命运的转折点上。我看你是一条好汉，给你指一条出路，不知意下如何？"赵匡胤感激地说："请予赐教。"陈抟说："当今天下大乱，自古乱世出英雄。柴荣正在潼关招兵买马，你可去投奔他，日后必能大富大贵。"赵匡胤叩首谢恩，告别陈抟，投奔柴荣麾下，很快受到柴荣的赏识和重用。

"弈棋赢华山"

赵匡胤在柴荣军中，一日闲来无事，忽然想起恩人卖桃老人，便跨马提刀，带了不少银两前往华山谢恩。他到处打听卖桃老人的下落，可无人知晓。他后悔当时没有问清楚卖桃老人的姓名住址，只好信马由缰，不知不觉来到了玉泉院。赵匡胤下马走进道观，只见香烟缭绕，清静宜人。一位老道从里面迎出来，鹤发童颜，神清气爽。赵匡胤抱拳作揖道："晚辈打扰了。"老道双手合掌说："贵人驾到，敝观荣幸。"赵匡胤坐下喝茶，见石桌上摆着一副棋盘，便问道："老仙翁喜欢下棋？"老道说："会下，但棋艺不精。"赵匡胤便邀老道下棋，老道说："下棋如能一局一两银子，方更加有兴味。"赵匡胤自恃棋艺高超，便说道："愿意奉陪。"两人便下了起来。第一局老道赢了，第二局老道故意输了，说道："今天有缘相会，我们到山顶上下棋如何？"赵匡胤赢了一局正在兴头上，认为老道棋艺不过如此，便欣然应允。老道前头带路，上到东峰，过了"鹞子翻身"，来到一处孤岭的顶端，只见四周尽是悬崖绝壁，深不见底。赵匡胤连称："妙哉，妙哉！"老道说："此处乃汉时卫叔卿博台，在此下棋颇有雅趣。"两人随即摆好棋盘，对弈起来。一局、两局、三局，赵匡胤局局皆输，越输越急，银子、马匹、战刀全都输光了。老道不愿下了，可赵匡胤却不干，要求再下最后一局。老道说："那你准备输什么?"赵匡胤身上已无物可输,望了望眼前的华山胜景,信口开河地说:"我俩赌华山,我输了,华山全归你。"老道说:"此话当真?"赵匡胤说:"一言为定。"老道说:"我要输了,把赢你的所有东西如数奉还。但你赌华山口说无凭,得立字为证。"赵匡胤心想这华山又不是我的,输了又何妨,我若赢了,不就等于一局都没输吗? 于是满心欢喜地写下文约,二人又摆好了棋盘。这一局赵匡胤下得很认真,结果还是输了,无可奈何地说:"你真是神仙,我算服了。"老道稽首道:"谢主隆恩。"赵匡胤一怔,问道:"你说什么?"老道说:"我主日后必为九五之尊,封贫道为神仙,故而谢恩。"赵匡胤顿时后悔起来,心想我如果是真命天子,还未登基就输了华山,这华山以后就不归我管了,太没面子了。他忙伸手去抢文约,不料不但文约没抢到手,反而在文约上留下了指印。老道哈哈大笑道:"我主既写了文约,又按了手印,君无戏言啊。"赵匡胤见无法挽回,便指着树木说:"华山我卖给你了,但树我不卖。"老道这时才挑明道:"我就是你要找的卖桃老人,姓陈名抟。"赵匡胤惊喜异常地说:"不知仙翁就是恩人,请受我一拜。"陈抟忙扶起他:"君不拜臣,万万不可。"遂将战马、军刀、银两等物品全数归还赵匡胤,说道:"弈棋如对阵,在战场上恃能轻敌,很容易招致失败。"赵匡胤牢记教诲,下山而去。从此在民间流传着这样的歌谣:"山是道家山,树是皇家树。华山不纳粮,不准乱砍树。"

"长安会二主"

陈抟在华山一觉醒来,望见长安上空有两股天子气,知道赵匡胤、赵光义兄弟在长安城盘桓,遂骑驴下山,直奔长安。这时赵匡胤、赵光义兄弟和一位名叫赵普的好朋友正在长安街市上闲逛,陈抟翻身下驴,拦住他们,大笑不已,拉着赵匡胤手说:"将军还记得华山顶上的弈棋吗?"赵匡胤连忙施礼道:"恩师教诲,铭记在心,没齿难忘。"陈抟说:

"今日幸会,机会难得,我想请你们兄弟二人去喝酒,怎么样?"赵匡胤指着赵普说:"他是我们最要好的朋友,带上他吧。"陈抟说:"也好,缺了他,还成不了一席。"四个人一同走进一家酒楼,找到一处僻静的雅座。赵匡胤对陈抟说:"恩师德高望重,请上座。"陈抟连忙推辞道:"贫道乃是一介草民,岂敢妄据上座。将军日后当受天下朝拜,还是将军请。"赵匡胤推让不过,只好拱手致谢道:"恭敬不如从命,在下只好斗胆就座了。"说完,赵匡胤就在上座坐下来。赵普因为走累了,随便就在赵匡胤的左边一席坐下来。按照古代的礼制,这是犯忌的,所以陈抟怒斥赵普说:"你虽然有贵人之相,但只不过是紫微帝星旁边的一颗小星而已,怎敢擅自坐在左边席位呢!"赵普只好赶忙站起身,把左席让给了赵光义。坐定后,四个人开怀畅饮,相谈甚悦。

"双日现真龙"

后周世宗柴荣病死后,留下年仅七岁的恭帝柴宗训和20多岁的后周太后,实权掌握在殿前都点检、归德军节度使赵匡胤手里。一天赵匡胤派他的心腹去请教陈抟:"赵将军的君临天下之日应在何时?"陈抟想了想,慢慢说道:"猴虎初四逢,双日现真龙。"后周显德七年(960年),赵匡胤率兵北征,大军进至开封以北的陈桥驿。军中善观天象的苗训看到夕阳残照,云气环绕,空中出现一明一暗两个太阳,便对帐中亲吏楚昭辅说:"你看天上有两个太阳吧,被遮蔽的太阳是后周,如今气数将尽;而发着光芒的太阳,就是都点检赵将军,这是改朝换代的征兆。"这个消息在军中传得很快,一群部将拥进赵匡胤营帐中,将事先准备好的黄袍披在赵匡胤身上,跪倒在地,高呼万岁,此即历史上有名的"陈桥兵变"。大军班师回朝,迫使柴宗训让位,改国号宋。赵匡胤于正月初四正式登基,史称"宋太祖",改元建隆,建都汴梁(今开封)。这应了陈抟"猴虎初四逢"的预言,建隆元年为庚申年,即猴年,正月是戊寅月,即虎月,当然陈抟的预言很可能是后人附会的。

"征伐河东"

宋太祖多次派人上华山,请陈抟下山要重用他,陈抟都百般推辞。无奈,宋太祖只好作罢。后来,宋太宗继位,陈抟才上朝觐见。

太宗谨记先王遗训,亲出午门相迎,并在金殿上当着满朝文武百官的面,赐陈抟御诗一首:"曾向前朝出白云,后来踪迹杳无闻。如今若肯随朝召,总把三峰赐与君。"

陈抟这次进京,只求宋太宗赐其静室,让他对《麻衣相法》结合自己多年的心得加以修改润色,继而借助朝廷的刻版编印御书机构印刷成册,使之流传百世。

宋太宗依言赐他一个建隆观。陈抟在观内熟睡一月有余,参悟完毕,方才起来伏案编改《麻衣相法》。

一年后,陈抟终于大功告成。

临别,陈抟头披华阳巾,足踏麻茎草鞋来见太宗。

这时,太宗正在军机处与众大臣商议如何派兵征伐河东。太宗立即传召陈抟觐见,并向他请教。

陈抟以敌有准备为由劝阻太宗暂缓出兵。太宗不悦,强行出兵,果然败北。

陈抟为感谢太宗编印《麻衣相法》之恩,四年之后,再次进京上朝参见太宗,称河东此时可以征服了,并赠作战兵法。

太宗再次举兵讨伐河东,果然马到功成。

太宗见陈抟见多识广,命宰相宋琪延请陈抟入中书省议国事。

宋琪来到陈抟客驿,由于仰慕他的高深道法,便恳求道:"先生道法玄妙莫测,不知可否赐教长生不老之术?或相赠一册《麻衣相法》?"

陈抟推辞说:"我只一介山野莽夫,并不晓吐纳养生、神仙炼丹之事,也没有什么道术可以传授。假如真有这类道术,那于丞相又有何益呢？辅佑圣上的人应该博道古今,以国事为重,制订整纲治乱,有道君主会懂得君臣同心同德而取之治理天下,你何必要往修炼上去呢？"

陈抟一番宏论,听得宋琪连连点头,并把他的原话一字不漏地呈上太宗。太宗更加敬重陈抟,赐号希夷先生,并再次要拜他为谏议大夫。

陈抟坚决不受,辞归西岳华山,临行以诗表明心迹:"草泽吾皇诏,图南抟姓陈。三峰千载客,四海一闲人。世态从来薄,诗情自得真。乞全麋鹿性,何处不称臣。"

太宗读诗后,见留不住陈抟,便设盛宴为之饯行。以后,每逢遇难断之事,太宗必派人去华山请教陈抟。

因为一册《麻衣相法》,麻衣道者和陈抟皆被奉为看相算命行业的保护神。

据说,陈抟当年只印了三百册《麻衣相法》分赠众弟子,民间辗转流传的,多是经手抄错漏百出的盗印本。可谓"失之毫厘,差之千里",现今看相算命多是迷信坑人害人亦是这个缘故。

"立储之议"

陈抟第二次入见,参与了平定北汉的决策,又参与太宗立储之事。宋太宗长子楚王元佐,被太宗清除宗族势力而大开杀戒吓得精神失常,次子元僖不受太宗喜欢,因此太宗准备立三子寿王赵恒为太子。然而,中国古代有立嫡立长的传统,如何越过元僖而立赵恒呢？宋太宗便借助道家相术瞒天过海,让陈抟去给赵恒相面。陈抟当然知道太宗的意图,没等进开封府衙见到赵恒就回来了,别人问他什么缘故,陈抟说:"寿王门前的执事之人都是将相,不用见面就知寿王是将来的帝王！"于是宋太宗把元僖撇开,赵恒被立为太子,这就是后来的宋真宗。由于陈抟通达世情,得到宋太宗优待,在他回山之时,太宗在偏殿赐宴,亲自赋诗为他饯行,宰执和两禁侍众都和诗相送,极尽恩宠,使他的名声大震,拜师求道的人不可胜数。陈抟也非常高兴,他在所进谢诗中说:"十年踪迹走红尘,回首青山入梦频。紫陌纵荣争及睡,朱门虽贵不如贫。愁闻剑戟扶危主,闷见笙歌聒醉人。携取旧书归旧隐,野花啼鸟一般春。"这也可以看作他对自己一生的总结,宋太宗只好放归华山。

4. 解囊相助今得报

由于声名远扬,陈抟即便是隐居险峻的华山,还是有人不畏险阻,执着前往华山拜望。

一天,有个官员带着妻子和一个姑娘来到华山的玉泉院。他见了陈抟就下跪施礼道:

"陈先生,终于会见你了。请受我一拜!"

陈抟俯身一看,却不认识那人,问道:"你是何人?我不认识你。"

官员说:"陈先生,你是我的救命恩人呀!我姓施,名无疾。四十多年前,你路过通州,见我年幼,背着一个受烧伤的大伯,来到我家;又见我母亲眼瞎,家庭贫困,你解囊相助,救济我六百两白银,又亲自写处方为我母亲治眼病……"

"啊,我想起来了,你叫施老三吧?"

"正是。"

"快起来,随便就座。"

施无疾起来后,妻子金氏便从囊中取出白银二百两、绸缎衣服两套,施礼道:"小女子金氏能同丈夫一起与先生晤面,真是三生有幸!这是我们一点心意,请先生收下!"

陈抟说:"你们何必这样客气!过去的事情何足挂齿?只要你们能升平发迹,日子好过,我就心满意足了!你们的好意我领了,衣服我收下,白银带回去给你们女儿今后作读书开支。"

施无疾说:"她不是我们女儿,我们仅有一子,已长大成人,安家了。"

陈抟说:"啊,你们真有福气,儿子已安家能自食其力了!这小女孩是谁家的呀?"

施无疾说:"这是原江南节度使王克定大人的独生女。新近王大人不幸逝世,他的夫人因之气急成病,也相继去世了,留下孤女无人抚育。念及王大人生前友情,我们夫妻俩决定收为养女。"

"啊,原来如此。你们是好夫妻。"陈抟又问,"你现在哪里发迹?"

施无疾说:"说来话长。陈先生,你的药方真灵验!二十服药只服了十服,我母亲的眼睛就重见光明了。母亲的眼睛好了,家务事由她一人承担,叫我安心读书。十五年以后,我去京城谋事,正遇着妻子的父亲金顺田大人在京城开药店,生意很好,缺少人手,便雇我作帮工。他见我诚实勤奋,又有文才,就把独生女儿许配给我。我们成亲以后,因岳父与王克定大人是至交,经他鼎力相助,推荐我在洪州供事。三年前王大人归值舍人院,新近病故。我们来京城参加王大人的葬礼时,才闻知先生住在华山,所以特来拜望先生,请先生到我家安度晚年,以尽薄孝!"

陈抟说:"你们夫妻不忘旧情,我心领了!送来的白银作为你们对玉泉院建设的捐资。你们的家我就不去了。还是那句话,只要你们过得好,我的心就满足了。"

陈抟在40多年前相面施无疾,断定他将来必贵。今已验证陈抟的相术高明。施无疾当了官,有了妻室儿女,不忘陈抟救助之恩,要请陈抟去他家安度晚年并以礼答谢,可见施无疾的精神可贵。而陈抟不图享乐,不求外来财富,其精神更可贵!

施无疾夫妇一再请求陈抟去他家安度晚年,以尽其孝,但陈抟一一谢绝。施无疾为了报答陈抟之恩,后来送去白银千两捐资修建玉泉院,既把陈抟住所修缮一新,也对陈抟的晚年给予了照顾,施无疾每半年必到华山一次,看望陈抟。

5. 草药活人破迷信

太宗雍熙三年春夏,渭南东部暴发了一次瘟疫,往往是一人得病,全家感染,有些村落竟是家家有病人,死亡者很多,不可胜数。疫病向华阴蔓延,已成流行之势。其病症特点是:病人高烧寒战,上吐下泻。当地的名医把各种治疗办法都使用上了,皆无济于事,均不能控制病势。以采药为生的何青泉,也在寻求良方。到何青泉那里去买药者,每天有五六十人之多。一天,何青泉在山上采药,突然下雨了,就到玉泉院避雨,发现玉泉院周围有各种草药,有些草药他还不认识,便问陈抟:"请问老祖,周围的药材是你种的吗?"

陈抟点点头说:"种些药草可以防病,又可用于救治活人。你想采点去吗?"

"不,我是想您老人家一定会治病,所以才种了这几十种草药。"

陈抟点头微笑未答。

这时何青泉的女儿也快步如飞地来到玉泉院,见陈抟同他父亲在一起交谈,高兴地向老祖问安。接着她说:"怎么办呀? 昨天来了三四十人买药,今天又来了五六十人买药。"

陈抟老祖问:"什么疫病?"何青泉父女还未回答,跟着来求药者已进了玉泉院。其中有一位约40岁的郎中向陈抟老祖施礼,并抢先回答道:

"这次暴发的疫病实属罕见,多为一人发病,全家感染。症状特点是上吐下泻,寒战高烧,高烧过后又大汗淋漓,死的人很多。我们先辈传下来的一切治病办法都使用过了,就是控制不了疫病流行。"不一会儿,跟着郎中进玉泉院来的已达 30 多人。

陈抟老祖看了看大家的表情,也很担心疫病还会蔓延,站起来向大家说:"自古以来,济世救人,是做人的基本职责,大家应全力以赴。我给大家介绍几种草药,由何青泉老药工带你们去采集,一是仙鹤草,二是幕头回,三是白毛藤,四是算盘子。这四种草药华山地区都能采到,用刀切细,混合煎水服用。有病能治,无病能防。只要人人动手,就能控制疫病流行。"

这四种草药,何青泉从来不用,因为他不知道能治疫病,便当即在玉泉院周围采来标本,要大家按标本采集。何青泉同女儿带领求药者,在山中采集四种草药,采好后由他们父女检验,确系无误才分别捆扎,交到求药者手中,带回家去煎水服用。

第二天服用了这四种草药的病家都来报告,"陈抟老祖介绍的药方,服了果然灵验,上吐下泻的病人两个时辰后得到了控制;无病的服用了,精力充沛,不发病"。由此,上山采药者越来越多。几天以后整个华州地区的疫病全都得到了控制。

当地的百姓推荐何青泉牵头,给陈抟老祖送巨幅匾额——"草药救人,济世永恒",赞扬陈抟老祖是百姓的救命恩人。

一天,何青泉同他女儿去华阴赶集,在路边看到挂着"神水治百病"的牌子,侧边一个巫婆正跪着烧纸钱,将纸灰撒入泉水凼中。女儿便走去质问巫婆:

"你这是什么神水,真的能治病吗?"

巫婆以为是来求"神水"治病的,说道:"这是普贤菩萨普施的神水,能治百病。"

何女子说:"明明这是从石缝中流出来的泉水,你硬说是能治百病的神水! 试问,你治好了哪些病人?"

这时围观的过路人有 20 多个,看何女子与巫婆对话。巫婆便虚张声势,编造谎言说:"张家的孙儿肚子痛,喝了这神水就好了;李氏生病,百医无效,喝了这神水也好了;王家有人吐血不止,喝了神水,马上止了血,也好了……"

殊不知站在旁边围观的一个人,就揭巫婆的老底说:"你不要再骗人了! 自古神农尝百草,草药能治病,未听说用冷水能治病的。去年我家媳妇肚子疼,你说保证能治好,她喝了你的'神水'后,反而越痛越厉害,险些丧命! 结果还是陈抟老祖给的草药治好的。"

何女子见有了活教材,便宣传说:"这位大哥讲的是实话,哪有冷水能治病的? 大家不要迷信有什么神水! 这山上玉泉院有个陈抟老祖,他种了很多草药,才是真正治病的。前次暴发的疫病遍及华州地区,结果还是用陈抟老祖给的四种草药医治,才控制了病势的流行。我们住在玉泉院附近,协助陈抟老祖为民治病,如果有需要草药医病的,请你们到玉泉院去,我们一定为你们效劳。"

人们听了何女子的宣传,都七嘴八舌指责巫婆的欺骗行为。从此之后,华州地区的百姓,凡是有医治不好的病,都来找陈抟老祖给医治。但对富裕的人家求治,陈抟要他们向玉泉院捐资,对贫困的人家却分文不取。

从此,陈抟老祖是治病仙家的消息传开,远近百里来求治病者络绎不绝,陈抟老祖无法应付,只好把何青泉父女请到玉泉院来,专为求治者采配草药方。凡是有病人来求草药,皆由何青泉父女接待。由此,何青泉也成了名医,他的女儿也成了专治妇科疾病的高手,在华州地区有很高的声望。

6. 华山归来故乡情

亳州西南十二华里陈庄,农历九月深秋,已是寒冷天气。一天上午,有几位老人在庄外麦秸垛南侧晒暖聊天:"高卧华山的陈抟老祖就出生在咱庄,能见他一面多好。"话音未了,大家望见一位老道骑着毛驴走来,老道走近下驴,施礼问道:"这是陈庄吗?""是啊!""打听几个人吧,可听说咱庄有叫'战乱''饥荒''混子'的?"几位老人沉思良久,面面相觑,摇头答道:"不知道。"老道牵驴缓步进庄,在一棵大杨树下仰望大树,转了两圈,问一位老人:"这树有多少年了?"老人说:"百十年了。"

他到家家户户门前站一站,逢人打声招呼,问个好,村民们热情相迎。有的说:"来家歇歇。"有的说:"喝茶吧。"老道点头称谢。他远远听见几个人聚在一起,交头接耳地说:"这位老道是化缘的,他想化走那棵大杨树,修庙用,老财主不会发善心施舍给他。"有几个好奇的儿童跟在老道的后边,听他自言自语道:"归寻出生地,荏苒过百年。物是人不识,笑我来化缘。"

老道离开陈庄后,有位老人突然想起一件事:听爷爷讲过,老太爷的小名叫"饥荒",莫非老道是陈抟老祖? 在场人才意识到:"是陈抟老祖回家来啦!"人们奔走相告,可是陈抟已走半天,悔之晚矣。原来这位骑驴的老道就是回到自己出生地的陈抟老祖,他为陈庄人留下了永远的遗憾。

离开陈庄,他又回到自己的故居陈湾。陈湾已不是旧时模样。陈抟眼望自家的房屋,早已变成一片荒宅。

幸有哥哥陈拊的后代五代玄孙惊喜地接待他,并向他诉说家乡的变迁。玄孙陪他到父母坟墓祭祀,陈抟跪拜祷告:"不孝之子,华山归来,祭祀爹娘在天之灵。"不觉一阵心酸,潸然泪下。

玄孙指点着陈抟哥嫂及其后代的坟墓,一代一代往下诉说。陈抟踏着坟间的荒草,听着介绍,步履沉重,萧瑟秋风,一片荒野,满目凄凉。

邻里听说陈抟老祖回来了,都来看望,问长问短。

有人说:"我老祖爷得了你的大恩,多亏你救济的粮钱,才免于饿死,救命之恩永世不忘。"

玄孙杀鸡宰羊,用陈抟传下来的"希夷酒"招待他,席间向他敬酒,满堂祝福,欢声笑语。在场人一个个满面皱纹,满头白发,显得老态龙钟;再看看陈抟老祖,虽然年过百岁,却鹤发童颜,面带壮容。

有人说:"都知道老祖爷在华山得道成仙了,咱家里人祖祖辈辈做梦都盼您回来,今梦已成真,终于盼回来啦,使陈氏后人有幸得见老祖仙颜。"

陈抟老祖山高路远,杳无音信,光阴似箭,转眼百年,终于归来,偶听乡音,倍觉亲切。陈抟感慨万千,意味深长地说:"上个月的八月十五日晚上,我在华山顶上遥望一轮明月从咱家乡亳州升起,萌发了思乡怀人的心情,在我有生之年想回来家乡一趟。今我得见后世亲人,如愿以偿。"玄孙要求陈抟留在家中以尽孝意,被谢绝。当离开家乡时,众乡亲送陈抟出村外,恋恋不舍。离情别绪,溢于言表。

7. 明冯梦龙《喻世明言》"陈希夷四辞朝命"章节

话说陈抟先生,表字图南,别号扶摇子,亳州真源人氏。生长五六岁,还不会说话,人都叫他"哑孩儿"。一日,在水边游戏,遇一妇人,身穿青色之衣,自称毛女。将陈抟抱去山中,饮以琼浆,陈抟便会说话,自觉心窍开爽。毛女将书一册,投他怀内,又赠以诗云:药苗不满笋,又更上危巅。回指归去路,相将入翠烟。

陈抟回到家中，忽然念这四句诗出来，父母大惊！问道："这四句诗，谁教你的?"陈抟说其缘故，就怀中取出书来看时，乃是一本《周易》。陈抟便能成诵，就晓得八卦的大意。自此无书不览，只这本《周易》，坐卧不离。又爱读《黄庭》《老子》诸书，洒然有出世之志。十八岁上，父母双亡。便把家财抛散，分赠亲族乡党。自只携一石铛，往本县隐山居住。梦见毛女授以炼形归气、炼气归神、炼神归虚之法，遂奉而行之，足迹不入城市。梁唐士大夫慕陈先生之名，如活神仙，求一见而不可得。有造谒者，先生辄侧卧，不与交接。人见他鼾睡不起，叹息而去。

后唐明宗皇帝长兴年间，闻其高尚之名，御笔亲书丹诏，遣官招之。使者络绎不绝，先生违不得圣旨，只得随使者取路到洛阳帝都，谒见天子，长揖不拜，满朝文武失色，明宗全不嗔怪。御手相搀，锦墩赐坐，说道："劳苦先生远来，朕今得睹清光，三生之幸。"陈抟答道："山野鄙夫，自比朽木，无用于世。过蒙陛下采录，有负圣意，乞赐放归，以全野性。"明宗道："既荷先生不弃而来，朕正欲侍教，岂可轻去?"陈抟不应，闭目睡去了。明宗叹道："此高士也，朕不可以常礼待之。"乃送至礼贤宾馆，饮食供帐甚设。先生一无所用，早晚只在个蒲团上打坐。明宗屡次驾幸礼贤馆，有时值他睡卧，不敢惊醒而去。明宗心知其为异人，愈加敬重，欲授以大官，陈抟那里肯就。

有丞相冯道奏道："臣闻七情莫甚于爱欲，六欲莫甚于男女。方今冬天雨雪之际，陈抟独坐蒲团，必然寒冷。陛下差一使命，将嘉酝一樽赐之；妙选美女三人，前去与他侑酒暖足。他若饮其酒，留其女，何愁他不受官爵矣!"明宗从其言，于宫中选二八女子三人，美丽无比，装束华整，更自动人。又将尚方美酝一樽，道内侍宣赐。内侍口传皇命道："官家见天气奇冷，特赐美酝消遣；又赐美女与先生暖足，先生万勿推辞。"只见陈抟欣然对使开樽，一饮而尽，送来美人，也不推辞。内侍入宫复命，明宗龙颜大悦。次日，早朝已毕，明宗即差冯丞相亲诣礼贤馆。请陈抟入朝见驾，只等来时，加官授爵。冯丞相领了圣旨，上马前去。你道请得来，请不来？正是：神龙不贪香饵，彩凤不入雕笼。

冯丞相到礼贤宾馆看时，只见三个美女，闭在一间空室之中，已不见了陈抟。问那美女道："陈先生那里去了？"美女答道："陈先生自饮了御酒，便向蒲团睡去。妾等候至五更方醒。他说：'劳你们辛苦一夜，无物相赠。'乃题诗一首，教妾收留，回复天子。遂闭妾等于此室，飘然出门而去，不知何往。"冯丞相引着三个美人，回朝见驾。明宗取诗看之，诗曰：雪为肌体玉为腮，处士不兴巫峡梦。多谢君王送得来，空烦神女下阳台。

明宗读罢书，叹息不已。差人四下寻访陈抟踪迹，直到隐山旧居，并无影响。不在话下。

却说陈抟这一去，直走到均州武当山。原来这山初名太岳，又唤做太和山，有二十七峰，三十六岩，二十四涧。是真武修道、白日升天之处。后人谓此山非真武不足以当之，更名武当山。陈抟至武当山，隐于九石岩。忽一日，有五个白须老叟来问《周易》八卦之义。陈抟与之剖析微理，因见其颜如红玉，亦问以导养之方。五老告之以蛰法。怎唤做蛰法？凡寒冬时令，天气伏藏，龟蛇之类，皆蛰而不食。当初，有一人因床脚损坏，偶取一龟支之。后十年移床，其龟尚活，此乃服气所致。陈抟得此蛰法，遂能辟谷。或一睡数月不起。若没有这蛰法，睡梦中腹中饥饿，肠鸣起来，也要醒了。陈抟在武当山住了二十余年，寿已七十余岁。忽一日，五老又来对陈抟说道："吾等五人，乃日月池中五龙也。此地非先生所栖，吾等受先生讲诲之益，当送先生到一个好所在去。"令陈抟："闭目休开！"五老翼之而行。觉两足腾空，耳边惟闻风雨之声。顷刻间，脚跟着地，开眼看时，不见了五老，但见空中五条龙天矫而逝。陈抟看那去处，乃西岳太华山石上，已不知来了多少路，此乃神龙变化之妙。

陈抟遂留居于此。太华山道士，见其所居没有锅灶，心中甚异，悄地察之，更无他事，惟鼾睡而已。一日，陈抟下九石岩，数月不归。道士疑他往别处去了。后于柴房中，忽见一物，近前看之，乃先生也。正不知几时睡在那里的！搬柴的堆积在上，直待烧柴将尽，方才看见。又一日，有个樵夫在山下割草，见山坳里一个尸骸，尘埃起寸。樵夫心中怜悯，欲取而埋之。提起来看时，却认得是陈抟先生。樵夫道："好个陈抟先生，不知如何死在这里？"只见先生把腰一伸，睁开双眼，说道："正睡得快活，何人搅醒我来？"樵夫大笑。

华阴令王睦，亲到华山求见先生。至九石岩，见光光一片石头，绝无半间茅舍。乃问道："先生寝止在于何所？"陈抟大笑，吟诗一首答之，诗曰：蓬山高处是吾宫，出即凌风跨晓风。台榭不将金锁闭，来时自有白云封。

王睦要与他伐木建庵，先生固辞不要。此周世宗显德年间事也。这四句诗直达帝听，世宗知其高士，召而见之，问以国祚长短。陈抟说出四句，道是："好块木头，茂盛无赛。若要长久，添重宝盖。"世宗皇帝本姓柴，名荣，木头茂盛，正合姓名。又有"长久"二字，只道是佳兆，却不知赵太祖代周为帝，国号宋，"木"字添盖乃是"宋"字。宋朝享国长久，先生已预知矣。

且说世宗要加陈抟以极品之爵，陈抟不愿，坚请还山。世宗采其"来时自有白云封"之句，赐号"白云先生"。后因陈桥兵变，赵太祖披了黄袍，即了帝位。先生适乘驴到华阴县，闻知此事，在驴背上拍掌大笑。有人问道："先生笑甚么？"先生道："你们众百姓造化，造化！天下是今日定了。"原来后唐末年间,契丹兵起,百姓纷纷避乱。先生在路上闲步,看见一妇人,挑着一个竹篮而走,篮内两头坐两个孩子。先生口吟二句,道是:"莫言皇帝少,皇帝上担挑。"你道那两个孩子是谁?那大的便是宋太祖赵匡胤,那小的便是宋太宗赵匡义,这妇人便是杜太后。先生二十五六年前,便识透宋朝的真命天子了。

又一日,先生游长安市上,遇赵匡胤兄弟和赵普,共是三人,在酒肆饮酒。先生亦入肆沽饮,看见赵普坐于二赵之右,先生将赵普推下去道:"你不过是紫微垣边一个小小星儿,如何敢占在上位?"赵匡胤奇其言。有认得的,指道:"这是白云先生陈抟。"匡胤就问前程之事。陈抟道:"你弟兄两个的星,比他大得多哩!"匡胤自此自负。后来定了天下,屡次差官迎取陈抟入朝,陈抟不肯。后来赵太祖手诏促之,陈抟向使者说道:"创业之君,必须尊崇体貌,以示天下,我等以山野废人,入见天子,若下拜,则违吾性;若不下拜,则亵其体。是以不敢奉诏。"乃于诏书之尾,写四句附奏,云:"九重天诏,休教丹凤衔来;一片野心,已被白云留住。"使者复命,太祖笑而置之。

后太祖晏驾,太宗皇帝即位,念酒肆中之旧,召与相见,说过待以不臣之礼。又赐御诗云:曾向前朝号白云,后来消息杳无闻。如今若肯随征召,总把三峰乞与君。

先生见诗,乃服华阳巾、布袍草履,来到东京。见太宗于便殿,只是长揖道:"山野废人,与世隔绝,不习跪拜,望陛下优容之。"太宗赐坐,问以修养之道。陈抟对道:"天子以天下为一身,假令白日升天,竟何益于百姓?今君明臣良,兴化勤政,功德被乎八荒,荣名流于万世。修炼之道,无出于此。"太宗点头称善,愈加敬重。问道:"先生心中,有何所欲?可为朕言之。"陈抟答道:"臣无所欲,只愿求一静室。"乃赐居于建隆道观。

　　其时太宗正用兵征伐河东，遣人问先生胜负消息。先生在使者掌中，写一"休"字，太宗见之不乐。因军马已发，不曾停止。再遣人问先生时，但见他闭目而睡，鼾韵之声，直达户外。明日去看，仍复如此。一连睡了三个月，不曾起身。河东军将，果然无功而返。太宗正当嗟叹，忽见陈抟道冠野服，逍遥而来，直上金銮宝殿。太宗见其不召自来，甚以为异。陈抟道："老夫今日还山，将来辞驾。"太宗闻言，如有所失，欲加抟以帝师之号，筑宫奉事，时时请教。陈抟固辞求去，呈诗一首。诗云：草泽吾皇诏，三峰千载客。世态从来薄，乞全獐鹿性。图南抟姓陈，四海一闲人。诗情自得真，何处不称臣？

　　又道："二十年之后，老夫再来候见圣颜。"太宗知不可留，特赐御宴于都堂，使宰相、两禁官员俱侍坐，每人制送行诗一首，以宠其归。又将太华全山，御笔判与陈抟为修真之所，他人不得侵渔。赐号为"白云洞主希夷先生"，听其还山。此太平兴国元年事也。

　　到端拱五年，太宗皇帝管二十年的乾坤，尚不曾立得太子。长子楚王元佐，因九月九日，不曾预得御宴，纵火烧宫。太宗大怒，废为庶人。心爱第三子襄王元侃，未知他福分如何，口中不言，心下思想："惟有希夷先生陈抟，最善相人。当初在酒肆中，就相定我兄弟二人，当为皇帝，赵普为宰相。如今得他一来，决断其事便好。"转念犹未了，内侍报道："有太华山处士陈抟，叩宫门求见。"太宗大惊，即时宣进，问道："先生此来何意？"陈抟答道："老夫知陛下胸中有疑，特来决之。"太宗大笑道："朕固疑先生有前知之术，今果然也。朕东宫未定，有襄王元侃，宽仁慈爱，有帝王之度，但不知福分如何，烦先生到襄府一看。"陈抟领命，才到襄府门首便回。太宗问道："朕烦先生到襄府看襄王之相，如何不去而回？"陈抟道："老夫已看过了。襄府门前，奉役奔走之人，都有将相之福，何必见襄王哉？"太宗之意遂决。即日宣诏，立襄王为太子,后来真宗皇帝就是。陈抟在京师,又住了一月。忽然辞去,仍归九石岩。

其时,有门人穆伯长、种放等百余人,皆筑室于华山之下,朝夕听讲。唯有五龙蛰法,先生未尝授人。忽一日,遣门人辈于张超谷口,高岩之上,凿一石室。门人不敢违命。室既凿成,先生同门人往观之。其岩最高,望下云烟如翠。先生指道:"此毛女所谓'相将人翠烟'也,吾其归于此乎?"言未毕,屈膝而坐,挥门人使去。右手支颐,闭目而逝,年一百一十八岁。门人环守其尸,至七日,容色如生,肢体温软,异香扑鼻。乃制为石匣盛之,仍用石盖;束以铁锁数丈,置于石室。门人方去,其岩自崩,遂成陡绝之势。有五色云封住谷口,弥月不散。后人因名其处为希夷峡。

到徽宗宣和年间,有闽中道士徐知常,来游华山。见峡上有铁锁垂下,知常攀缘而上,至于石室。见匣盖欹侧,启而观之,唯有仙骨一具,其色红润,香气逼人。知常再拜毕,为整其盖,复攀缘而下。其时徐知常得幸于徽宗,官拜左术道录。将此事奏知天子,天子差知常赍御香一炷,重到希夷峡,要取仙骨供养在大内。来到峡边,已不见有铁锁,但见云雾重重,危岩壁立,叹息而返。至今希夷先生蜕骨在张超谷,无复有人见之者矣!有诗为证:从来处士窃名浮,两隐名山供笑傲。五龙蛰法前人少,片片白云迷峡锁。谁似希夷闲到头?四辞朝命肯淹留。八卦神机后学求,石床高卧足千秋。

二、关于《心相篇》

相传陈抟曾从师于麻衣道者,深得麻衣所传,所著《心相篇》见解深刻,不仅继承了麻衣道者的心相说,而且加以发扬光大。

陈抟首先阐明宗旨:"心者貌之根,审心而善恶自见;行者心之表,观行而祸福犹可知。"人外在的相貌、行为都是由内在的心性决定的,而人心性的善恶好坏,决定人命运的吉凶祸福。他认为人相的吉凶与人心的善恶关系甚大,其中融入了不少儒家伦理道德学说,也强调了佛家、道家的善恶报应思想。

陈抟指出,若要命好,就要行善积德,修身养性——"重富欺贫,焉可托妻寄子;敬老慈幼,必然裕后光前。""欺蔽阴私,纵有荣华儿不享;公平正直,虽无子息死为神。"人的境界高低、品行优劣,决定人的吉凶祸福——"小富小贵易盈,前程有限;大富大贵不动,厚福无疆。""处大事不辞劳怨,堪为栋梁之材;遇小故辄避嫌疑,岂是腹心之寄。""患难中能守者,若读书可作朝廷柱石之臣;安乐中若忘者,纵低才岂非金榜青云之客。""举止不失其常,非贵亦须大富,寿更可知;喜怒不形于色,成名还立大功,奸亦有之。"陈抟认为心有善恶,则相有厚薄,命有吉凶,这既是人事,也关天道——"济急拯危,亦有时乎贫乏,福自天来;解纷排难,恐亦涉乎图圄,神必佑之。""人事可凭,天道不爽。"

陈抟最后总结道："信乎骨格步位,相辅而行;允矣血气精神,由之而显。知其善而守之,锦上添花;知其恶而弗为,祸转为福。"陈抟告诫世人,人外在的体格相貌、行为举止,根植于人内在的血气精神,心性善恶决定人命运吉凶。

此外,陈抟还著有《人伦风鉴》(又作《龟鉴》)。他在《人伦风鉴》中说:"有天者贵,有地者富,有人者寿。""天地人"三者的协调一致是富贵相、长寿相的根源。

陈抟的《心相篇》《人伦风鉴》等,把古代相学引向了唯物论的范畴,维护了"天人合一""天人感应"的唯物论。这些相学理论虽然有不少迷信色彩,但其劝人止恶扬善、修身养性,对于塑造正直良善的世道人心、树立公平正义的社会风气具有积极的导向作用。

《心相篇》原文

心者貌之根,审心而善恶自见;行者心之表,观行而祸福可知。

出纳不公平,难得儿孙长育;语言多反复,应知心腹无依。

消沮闭藏,必是好贪之辈;披肝露胆,决为英杰之人。

心和气平,可卜孙荣兼子贵;才偏性执,不遭大祸必奇穷。

转眼无情,贫寒天促;时谈念旧,富贵期颐。

重富欺贫,焉可托妻寄子;敬老慈幼,必然裕后光前。

轻口出违言,寿元短折;忘恩思小怨,科第难成。

小富小贵易盈,前程有限;大富大贵不动,厚福无疆。

欺蔽阴私,纵有荣华儿不享;公平正直,虽无子息死为神。

开口说轻生,临大节决然规避;逢人称知己,即深交究竟平常。

处大事不辞劳怨,堪为栋梁之材;遇小故辄避嫌疑,岂是腹心之寄。

与物难堪,不测亡身还害子;待人有地,无端得福更延年。

迷花恋酒,闺中妻妾参商;利己损人,膝下儿孙悖逆。

贱买田园,决生败子;尊崇师傅,定产贤郎。

愚鲁人说话尖酸刻薄,既贫穷必损寿元;聪明子语言木讷优容,享安康且膺封诰。

患难中能守者,若读书可作朝廷柱石之臣;安乐中若忘者,纵低才岂非金榜青云之客。

鄙吝勤劳,亦有大富小康之别,宜观其量;奢侈靡丽,宁无奇人浪子之分,必视其才。

弗以见小为守成,惹祸破家难免;莫认惜福为悭吝,轻财仗义尽多。处事迟而不急,大器晚成;己机决而能藏,高才早发。

有能客教,己无成子亦无成;见过隐规,身可托家亦可托。

知足与自满不同,一则矜而受灾,一则谦而获福;大才与庸才自别,一则诞而多败,一则实而有成。

忮求念胜,图名利,到底逊人;恻隐心多,遇艰难,中途获救。

不分德怨,料难至乎遐年;较量锱铢,岂足期乎大受。

过刚者图谋易就,灾伤岂保全无;太柔者作事难成,平福亦能安受。

乐处生悲,一生辛苦;怒时反笑,至老奸邪。

好矜己善,弗再望乎功名;乐摘人非,最足伤乎性命。

责人重而责己轻,弗与同谋共事;功归人而过归己,尽堪救患扶灾。处家孝悌无亏,簪缨奕世;与世吉凶同患,血食千年。

曲意周全知有后,任情激搏必凶亡。

易变脸,薄福之人奚较;耐久朋,能容之士可宗。

好与人争,滋培浅而前程有限;必求自反,蓄积厚而事业能伸。

少年飞扬浮动，颜子之限难过；壮岁冒昧昏迷，不惑之期怎免。

喜怒不择轻重，一事无成；笑骂不审是非，知交断绝。

济急拯危，亦有时乎贫乏，福自天来；解纷排难，恐亦涉乎图圄，神必佑之。

饿死岂在纹描，抛衣撒饭；瘟亡不由运数，骂地咒天。

甘受人欺，有子忽然大发；常思退步，一身终得安闲。

举止不失其常，非贵亦须大富，寿更可知；喜怒不形于色，成名还立大功，奸亦有之。

无事失措仓皇，光如闪电；有难怡然不动，安若泰山。

积功累仁，百年必报；大出小入，数世其昌。

人事可凭，天道不爽。

如何餐刀饮剑？君子刚愎自用，小人行险侥幸。

如何投河自缢？男人才短蹈危，女子气盛见逼。

如何短折亡身？出薄言、做薄事、存薄心，种种皆薄。

如何凶灾恶死？多阴毒、积阴私、有阴行，事事皆阴。

如何暴疾而殁？纵欲奢情。如何毒疮而终？肥甘凝腻。

如何老后无嗣？性情孤洁。如何盛年丧子？心地欺瞒。

如何多遭火盗？刻剥民财。如何时犯官府？强梁作胆。

何知端揆首辅？常怀济物之心。何知拜将封侯？独挟盖世之气。

何知玉堂金马？动容清丽。何知建牙拥节？气概凌霄。

何知丞簿下吏？量平胆薄。何知明经教职？志近行拘。

何知苗而不秀？非惟愚蠢更荒唐。何知秀而不实？盖谓自贤兼短行。若论妇人，先须静默；从来淑女，不贵才能。

有威严，当膺一品之封；少修饰，准掌万金之重。

多言好胜，纵然有嗣必伤身；尽孝兼慈，不特助夫还旺子。

贫苦中毫无怨詈,两国褒封;富贵时常惜衣粮,满堂荣庆。

奴婢成群,定是宽宏待下;资财盈筐,决然勤俭持家。

悍妇多因性妒,老后无归;奚婆定是情乖,少年浪走。

为甚欺夫? 显然淫行。缘何无子? 暗里伤人。

信乎骨格步位,相辅而行;允矣血气精神,由之而显。

知其善而守之,锦上添花;知其恶而弗为,祸转为福。

三、关于书法风格

　　陈抟文艺天赋甚高,诗、书、画均造诣精深,但保存下来的书法作品仅有几幅石刻,如洛阳伊阙的"十字联"——"开张天岸马,奇逸人中龙",四川峨嵋山的"福寿",皆苍劲古朴,别具一格。北宋书法家石曼卿诗赞曰:"希夷先生人中龙,天岸梦逐东王公。酣睡忽醒骨灵通,腕指拂拂来天风。鸾舞广莫凤翔空,俯视羲献皆庸工。投笔再拜称技穷,太华少华白云封。"近代著名思想家康有为曾专门习练陈抟体书法。

　　陈抟的"十字联"最初挂在华山白云堂壁,宋真宗大中祥符年间被人窃去,经明、清几百年的流传摹刻,清朝陈肇镰得此墨卷后,于同治七年夏使人刻于洛阳龙门石窟的潜溪寺,即现在的"陈抟碑"(又称《石门铭》)。陈抟书法作品流传绝少,所以此十字联殊足珍贵。这十个字写得很有特点,介于隶书和楷书之间的书体,平稳中透着奇崛,方正里蕴藏张力。"岸"字缺少一横,而"逸"字缺少一点,"中"字则上下颠倒,反映他为人的放荡不羁、无拘无束,很有神仙风味。

　　摘录几段当代书法界对于"十字联"的评析如下:

　　　　当我们欣赏到这副"开张天岸马,奇逸人中龙"的行书联时,似乎一下子便能从这静止的字形中领略到飞舞的动势来,给人以

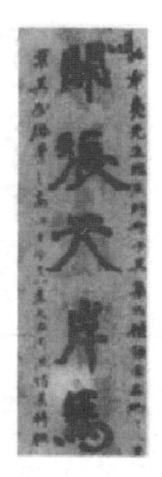

陈抟"十字联"

凝神观赏、余味回甘的艺术享受。其联为晚明人所集宋代陈抟书法而成,全联用笔于矫健灵动之中参以锥辣之趣,结体奇险,势态峻嶒,虽然很少有牵带萦回,却能承上启下,笔断意连,可谓联中之稀有珍品。①

　　此联用笔开张纵放,撇捺舒展,尤"逸"字末笔有升飘之意。行笔入藏收三个环节不作大的起伏,笔势有虬龙弓背、大鲵盘踞之

---

① 　马博主编:《书法大百科》第6册图文珍藏版,线装书局2016年版。

态。结字多笔者取收势,少笔画者取放势。"开、马"二字密不透风,"天、奇"二字下部空阔,"人、中"二字重心下立,"岸"字虽少一笔,但不觉空疏,"龙"字虽笔画稍细,但清劲有骨。拟此法意创作,须在《石门铭》上著力,求其大气高古,不拘点画的精雕细刻,尤其把握用笔雄劲而又不失飘逸的气格。①

陈抟,北宋时期著名道学家,精书法。喜临《石门铭》,其书极具风骨、潇洒飘逸,笔底似有仙气。"开张天岸马,奇逸人中龙"十字联,系晚明时人从他所临的《石门铭》字中所集的楹联,曾被好事者辗转抚刻于碑林,但面目已非。此件系墨迹,十字虽为集字,但绝无疏散、气塞之感,整幅气势酣畅。其势开张真如"天岸之马",飘逸潇洒真如"人中之龙"。陈抟所临《石门铭》得其神采,而不拘其形质,结构在原字基础上变形夸张,而这正暗合了《石门铭》的精神,而达到了自我作古的境界,其书正似其人,飘飘乎有仙气。此书用笔开张而不乏精到,老辣而锐利,结字时大时小,错落有致。款字为康有为等人所跋,疏密相间,更增添了整体的完整性。②

---

① 张又栋主编:《书法创作大典》,新时代出版社 2001 年版。
② 王玉池主编:《中国书法篆刻鉴赏辞典》,农村读物出版社 1989 年版。